Thomas Hoischen

NLP im Personalmanagement

Thomas Hoischen

NLP im Personalmanagement

Neuro-Linguistisches Programmieren - sinnvolle Technik für Führungskräfte?

Trainerverlag

Impressum/Imprint (nur für Deutschland/only for Germany)
Bibliografische Information der Deutschen Nationalbibliothek: Die Deutsche Nationalbibliothek verzeichnet diese Publikation in der Deutschen Nationalbibliografie; detaillierte bibliografische Daten sind im Internet über http://dnb.d-nb.de abrufbar.

Coverbild: www.ingimage.com

Verlag: Der Trainerverlag ist ein Imprint der
Südwestdeutscher Verlag für Hochschulschriften GmbH & Co. KG
Heinrich-Böcking-Str. 6-8, 66121 Saarbrücken, Deutschland
Telefon +49 681 37 20 271-1, Telefax +49 681 37 20 271-0
Email: info@verlag-trainer.de

Herstellung in Deutschland (siehe letzte Seite)
ISBN: 978-3-8417-5048-8

Imprint (only for USA, GB)
Bibliographic information published by the Deutsche Nationalbibliothek: The Deutsche Nationalbibliothek lists this publication in the Deutsche Nationalbibliografie; detailed bibliographic data are available in the Internet at http://dnb.d-nb.de.

Cover image: www.ingimage.com

Publisher: Trainerverlag
is an imprint of the publishing house
Südwestdeutscher Verlag für Hochschulschriften GmbH & Co. KG
Heinrich-Böcking-Str. 6-8, 66121 Saarbrücken, Deutschland
Phone +49 681 37 20 271-1, Fax +49 681 37 20 271-0
Email: info@verlag-trainer.de

Printed in the U.S.A.
Printed in the U.K. by (see last page)
ISBN: 978-3-8417-5048-8

Gliederung

1. Einleitung

πάντα ῥεῖ - alles fließt[1].

Die Anforderungen an ein modernes Personalmanagement haben sich in den letzten Jahren gravierend gewandelt. Früher war der Mitarbeiter[2] vom ersten Ausbildungstag bis zu seiner Pensionierung sowohl finanziell als auch emotional an die Firma gebunden. Damals reichte es noch, wenn ein Vorgesetzter in diesem hierarchisch organisierten System die Vaterrolle perfekt ausfüllte. Heute ist durch den Manager ein Bündel von unterschiedlichen Rollenerwartungen zu bedienen, welches neben breitgestreuten interdisziplinären Fähigkeiten auch ethische Grundeinstellungen sowie perfektes Selbst-Management erfordert. Qualifikationen und Führungsstile, welche heute noch allen Anforderungen genügten, gelten morgen als veraltet. Die verunsicherten Führungskräfteverzweifeln heute an einem immer unübersichtlicher werdenden Markt von Managementseminaren, neuen Theorien und Heilslehren mit Absolutheitsanspruch.

Werke wie "Schick keine Enten in die Adlerschule[3]" und "fish![4]" versprechen Heilung, stellen jedoch nur Teillösungen zur Verfügung.

Es fragt sich nun: „Gibt es einen Ansatz, welcher Lösungsmöglichkeiten für ein breites Spektrum von Personalmanagementfragen anbietet?“

---

[1] Heraklit (540-480 v. Chr.) zugeordneter Ausspruch: Vgl. Bunte, (Kompendium zur vorsokratischen Philosophie, 2002), S. 38.

[2] Die deutsche Sprache schränkt uns ein, wenn wir Damen und Herren gleichzeitig ansprechen wollen. Die männliche Form sowohl im Singular als auch im Plural bezieht sich daher in diesem Text auf beide Geschlechter.

[3] Vgl. McNair, (Schick keine Enten in die Adlerschule, 2002).

[4] Vgl. Lundin, Paul, Christensen, (fish!, 2001).

1.1. Zielsetzung

Keinesfalls will ich mich nun der Suche nach der Nadel im Heuhaufen widmen und den breit gefächerten Publikationsstrom der Coaching-, Esoterik- und Management-Gurus nach Perlen durchtauchen. Ich ziehe es vor, zunächst eigene Erfahrungen und Erlebnisse[5] zu Rate zu ziehen und auszuwerten.

Menschenführung in den unterschiedlichsten Hierarchieebenen sowohl in männer- als auch in frauendominierten Arbeitswelten beobachte und praktiziere ich seit 1977. Zunächst war ich als Bundeswehroffizier tätig, dann nach dem Studium der Sozialarbeit als Leiter eines Jugendzentrums, von 1987 bis 2009 arbeitete ich im Bereich der stationären Altenhilfe und war zuletzt Vorgesetzter von etwa 300 meist weiblichen Mitarbeitern. Heute arbeite ich freiberuflich als Coach, Supervisor, Kommunikationstrainer und Dozent, die meisten meiner Klienten sind in leitenden Positionen tätig. Nachdem ich erkennen musste, dass weder die während meiner Ausbildung zum Offizier erworbenen Führungsqualitäten noch die in meinem Erststudium als Diplom-Sozialarbeiter trainierten Softskills den Anforderungen an modernes Personalmanagement genügen, ließ ich mich im Neuro-Linguistischen Programmieren (NLP) zum NLP-Master ausbilden.

In dem Sammelbecken NLP fand ich einige bereits erlernte Techniken und Grundeinstellungen zum Teil umbenannt wieder; NLP gab aber auch dem diffusem Wissen und den unkonkreten Ahnungen, die ich im Rahmen meiner langjährigen Erfahrung gesammelt hatte, einen Namen und machte somit Fähigkeiten greifbarer. Durch meine freiberufliche Tätigkeit und durch ein 2003 abgeschlossenes Sozialmanagement-Studium wurde ich für die Frage nach neuen Wegen im Umgang mit der Ressource Mensch wieder sensibilisiert und so lautet für mich heute die Frage:

„Ist NLP eine Schlüsselqualifikation im Personalmanagment?“

---

[5] Um die Persönlichkeitsrechte der Beteiligten zu wahren, habe ich die Beispiele selbstverständlich leicht verfremdet.

1.2 Aufbau

Im ersten Kapitel werden nach einer Einführung in die Anforderungen an Personalmanagement die Zielsetzung der Arbeit und die daraus resultierende zentrale Fragestellung entwickelt. Um den Sprachgebrauch zu vereinheitlichen werden die Begriffe „Schlüsselqualifikationen“, „NLP“ und „Personalmanagement“ operationalisiert.

Im zweiten Kapitel werde ich nach einem historischen Abriss die Grundlagen sowie die Haupttechniken des Neuro-Linguistischen Programmierens darstellen.

Das dritte Kapitel skizziert den Inhalt und die Aufgabenfelder des Personalmanagements.

Im vierten Kapitel untersuche ich, in wie weit der Einsatz von NLP-Techniken hilfreich bei der Bewältigung der Aufgaben des Personalmanagements sein kann.
Hierzu werde ich Szenarien darstellen, welche sich entweder in der Literatur oder im eigenen Erfahrungsschatz finden lassen.

NLP als eine Schlüsselqualifikation im Personalmanagement werde ich im fünften Kapitel darstellen.

Das letzte Kapitel schließlich enthält die Schlussbetrachtungen.

1.3. Begriffsklärungen

Zunächst sind die Begriffe „Schlüsselqualifikation“, „NLP“ und „Personalmanagement“ zu operationalisieren.

1.3.1 Schlüsselqualifikationen

Als erstes möchte ich mich dem Begriff semantisch nähern. Qualifikation läßt sich in die lateinischen Wortteile *qualis = wie beschaffen* und *facere = machen*[6] zerlegen und meint somit eine Eigenschaft oder Tauglichkeit zu einer Tätigkeit / Handlung. Eine Schlüsselqualifikation benennt also eine Eigenschaft, welche einen Schlüssel / Zugang zu weiteren Eigenschaften beinhaltet. Unter den Schlüsselqualifikationen sind in unserem Kulturkreis besonders das Beherrschen der Fähigkeiten Lesen, Schreiben und Rechnen unverzichtbar.

Im Rahmen der Bildungsdiskussion wurde der Begriff Schlüsselqualifikation erstmalig 1974 von Mertens[7] erwähnt. Durch den Erwerb von Schlüsselqualifikationen sollte der Obsolenzproblematik, der immer geringer werdenden Halbwertszeit von Wissen entgegengetreten werden. Permanente Zunahme von Wissen und somit seine Unüberschaubarkeit wird bereits von Leibniz (1646-1716), welcher wohl als letzter Gelehrter dem in der Renaissance entwickelten Ideal vom „homo universale“ entsprach, beklagt. Während um die erste Jahrtausendwende eine Klosterbibliothek mit etwa 500 Büchern das gesamte Wissen ihrer Zeit abbildete, verfügt allein die Universitätsbibliothek Paderborn bereits 2003 über mehr als 1,392 Millionen Medieneinheiten (Monographien, Zeitschriften, Mikrofiches, CD-ROM- Datenbanken).[8]

---

[6] Vgl. Stowasser, (Lateinisch-Deutsches Wörterbuch, 1987).

[7] Vgl. Mertens, (Schlüsselqualifikationen, 1974), S.36 ff.

[8] Vgl. Universitätsbibliothek Paderborn (Hrsg.), (Bibliotheksprofil: Daten und Fakten zur UB, o.J.), online im Internet.

Mertens unterscheidet zwischen:

- Basisqualifikationen:
  logisches, analytisches, kreatives, konzeptionelles und strukturiertes Denken etc.
- Horizontalqualifikationen:
  Fähigkeit, sich Informationen zu erschließen und zu managen
- Breitenelemente:
  Allround-Fähigkeiten, welche universal eingesetzt werden können, z.B. EDV-Kenntnisse, Arbeitsrechts-Kenntnisse etc.
- Vintage-Faktoren:
  Fähigkeiten, den Anschluß an das sich permanent vermehrende Wissen zu behalten (lebenslanges Lernen)

1996 definiert die Denkschrift des Landes NRW Schlüsselqualifikationen wie folgt:
"Schlüsselqualifikationen sind erwerbbare allgemeine Fähigkeiten, Einstellungen und Strategien, die bei der Lösung von Problemen und beim Erwerb neuer Kompetenzen in möglichst vielen Inhaltsbereichen von Nutzen sind. Zu ihnen gehören Erkenntnisinteresse und eigenständiges Lernen, die Reflexion und Optimierung der eigenen Lernprozesse und damit die Fähigkeit dazuzulernen, das Zutrauen in die eigene Selbstwirksamkeit als Grundeinstellung, Flexibilität, Fähigkeit zur Kommunikation und zur Teamarbeit, kreatives Denken. ....“[9]
Diese Definition, welche lebenslanges Lernen und Autopoiese (= Fähigkeit zur Selbsterneuerung) impliziert, scheint mir der heutigen permanent zunehmenden Flexibilisierung angemessen zu sein. Im weiteren Verlauf verwende ich den Begriff Schlüsselqualifikation daher im Sinne dieser Definition.

---

[9] Bildungskommission NRW (Hrsg.), (Zukunft der Bildung - Schule der Zukunft, 1995), S. 113.

1.3.2. Neuro-Linguistisches Programmieren (NLP)

NLP gehört zu den jüngsten Sternen am Coaching-Himmel. Seine Anhängerschaft, welche sich aus den unterschiedlichsten intellektuellen Heimaten rekrutiert, wächst täglich. Die Aussagen zu NLP sind so unterschiedlich wie seine Jünger, fast alle neuen Heilslehren des zwischenmenschlichen Bereiches besitzen NLP-Elemente. Die teils immens publikumswirksamen Akteure des NLP-Zirkus wie „Tsjakkaa"[10] Emile Ratelband rücken NLP in die Nähe von Jahrmarktsattraktionen. Gleichwohl, NLP versteht sich als seriöse Kommunikationstechnik mit psychotherapeutischen Teilelementen.

Als möglicher Beleg mag hier die Definition des US Bundesstaates Colorado (Deptartment of Regulatory Agencies) dienen:

"NLP is a detailed operational model of the processes involved in human behavior and communication. Although it is not itself a psychotherapy, NLP's principles can be used to understand, and make changes in, any realm of human experience and activity. NLP, however, has been applied to therapeutic concerns, and the result is a powerful, rapid, and subtle technology for making extensive and lasting changes in human behavior and capacities. NLP deals with modifying and redesigning thinking patterns to give the patient more flexibility and new capacities and abilities."[11]

Der Versuch einer Übersetzung:
„NLP ist ein detailliertes Arbeitsmodell der Prozesse, die in menschlichem Verhalten und Kommunikation stattfinden. Obwohl NLP selbst keine Psychotherapie ist, können die NLP-Prinzipien dafür verwendet werden, jeden Bereich menschlicher Erfahrung und Aktivität zu verstehen und zu verändern.
NLP wurde in therapeutischen Bereichen angewandt und das Resultat ist eine effiziente, schnelle und subtile Technologie, um weitreichende und dauerhafte Veränderungen im menschlichen Verhalten und in den Kapazitäten zu erreichen.
NLP beschäftigt sich mit dem Verändern und Neugestalten von Denkmustern, um dem Patienten mehr Flexibilität, neue Kapazitäten und Fähigkeiten zu ermöglichen."

[10] Vgl. Ratelband, (Tsjakkaa!, 2000).
[11] Department of Regulary Agencies [US Bundesstaat Colorado] (Hrsg.), (Data Base Applikation Information, o.J.), S. 9, online im Internet.

Um die Erhaltung der reinen Lehre in Deutschland kümmerten sich selbst vor einigen Jahren noch diverse (verfeindete) Splittergruppierungen, die heute im DVNLP (Deutscher Verband für Neuro-Linguistisches Programmieren e. V.) ihre gemeinsame Heimat gefunden haben. Seit 2001 schafft der „Verband für neuro-linguistische Verfahren in Bildung und Erziehung e.V." NLPaed zusätzlich die Schnittstelle zwischen NLP und Paedagogik.

In der Literatur existiert eine Unzahl von unterschiedlichen Definitionen zum Begriff NLP, ihnen allen gemeinsam ist jedoch diese Kernaussage:
„NLP fußt auf der von Richard Bandler und John Grinder entwickelten Technik und stellt ein detailliertes Arbeitsmodell der Prozesse, die in menschlichem Verhalten und in menschlicher Kommunikation stattfinden, dar."
In meiner Arbeit werde ich diese Kernaussage als Operationalisierung des Begriffs NLP nutzen.
Die in der Anwendung von NLP-Techniken ausgebildeten Anwender verstehen sich als NLP-Therapeuten, da NLP jedoch keine eigenständige Therapieform darstellt, bezeichne ich diese in meiner Arbeit als NLP-Anwender und synonym als NLP-Handelnde.

1.3.3 Personalmanagement

Der Begriff Management kann aus den lateinischen Vokabeln *manus = die Hand* und *agere = treiben, handeln, führen* und seiner Zusammensetzung *manus agere = an der Hand führen, ein Pferd in allen Gangarten üben, bzw. beherrschen*[12] hergeleitet werden. Das Personalmanagement beschäftigt sich also im weitesten Sinne mit dem Umgang / dem Führen von Personal / Mitarbeitern.

Das klassische Personalmanagement teilt sich nach Christian Scholz[13] in folgende Felder:

1. Personalbestandsanalyse
2. Personalbedarfsbestimmung
3. Personalbeschaffung
4. Personalentwicklung
5. Personalfreisetzung
6. Personaleinsatz
7. Personalkostenmanagement
8. Personalinformationsmanagement
9. Personalführung

Während die ersten acht Fachbereiche des Personalmanagements häufig auf Personalabteilungen, Personalreferenten und Profit-Center delegiert werden, ja Teile sogar outgesourct werden können, sieht Scholz 1989 Personalführung als eine „zielorientierte Beeinflussung von Einstellungen und Verhaltensweisen der Mitarbeiter durch den Vorgesetzten“[14] und somit als nicht delegierbare Aufgabe der Leitung an. In der 2000er Ausgabe seines Werkes über Personalmanagement definiert er erweiternd: „Personalführung ist die Optimierung des Verhältnisses zwischen Führungskraft und Mitarbeiter im Hinblick auf eine weitgehende Integration von Unternehmens- und Individualzielen.“[15] Personalführung hat jeder Vorgesetzte zu leisten.

Da in kleineren Betriebseinheiten oft mehrere, teilweise sogar alle Felder des Personalmanagements im Aufgabenbereich der Führungskräfte liegen, werde ich NLP nicht nur in dem nahe liegenden Personalmanagementbereich „Personalführung“ sondern auch in den übrigen acht auf seinen Nutzen hin untersuchen. Daher wähle ich in dieser Arbeit als Definition den weiter gefassten Begriff Personalmanagement im Sinne von Scholz.

[12] Vgl. Stowasser, (Lateinisch-Deutsches Wörterbuch, 1987).
[13] Vgl. Scholz, (Personalmanagement, 1989), S. VII.
[14] Scholz, (Personalmanagement, 1989), S. 321.
[15] Scholz, (Personalmanagement, 2000), S. 775.

2. Neuro-Linguistisches Programmieren

Nachdem die Hauptbegriffe der Arbeit operationalisiert worden sind, werden nun die Historie, die Grundlagen und die zehn Grundtechniken des NLP dargestellt. Die für einen Erfolg versprechenden Einsatz von NLP notwendigen Rahmenbedingungen erläutere ich am Schluss dieses Kapitels.

2.1. Geschichtlicher Abriss

NLP ist eine junge Technik, sie wurde erst 1975 entwickelt.
Der Begriff NLP ist relativ undefiniert, da seine Gründer versäumt haben, ein Ausbildungscurriculum für NLP-Anwender zu konstituieren. Die Struktur von NLP lässt sich daher aus seiner Geschichte am besten erkennen.

2.1.1. Entwicklungsgeschichte

1975
Der Mathematiker / Informatiker Richard Bandler und der Linguist John Grinder untersuchen die Kommunikationsstrukturen erfolgreicher Therapeuten in der Annahme, dass die verbale Kommunikation zwischen Klient und Therapeut maßgebend für den Therapieerfolg ist. Bandler und Grinder gehen davon aus, dass diese „intuitiv richtig handeln“[16] ohne ihre Strategie explizit benennen zu können. So werden die Verhaltensmuster erfolgreicher Kommunikatoren erforscht, um Gemeinsamkeiten erkennen zu können. Dies stellt an sich keine neue Idee dar, Joseph Weizenbaum[17] entwickelte bereits in den 70er Jahren ELIZA, einen Computer-Psychotherapeuten auf der Basis der Arbeit von Carl Rogers. In einem ersten Projekt versuchen Bandler und Grinder, die Excellenz in den Therapien von Milton Erickson (Hypnotherapeut), Fritz Perls (Gestalttherapeut) und Virginia Satir (Familientherapeut) beschreibbar und somit für andere Therapeuten erlernbar zu machen.

---

[16] meines Erachtens nach fußt „intuitiv richtiges Handeln“ einzig auf Erfahrung
[17] Vgl. Weizenbaum, (Die Macht der Computer und die Ohnmacht der Vernunft, 1978), S. 13-33.

In einem zweiten Schritt wird die aus dem amerikanischen Verkaufstraining bekannte Methode des Master-Modelings, welche erfolgreiches Verhalten möglichst genau zu kopieren versucht, integriert. Der Begriff „Modellieren“ wird zum Grundbegriff von NLP-Handeln.

1976
Aus der Analyse der Sprachstrukturen von Virginia Satir und Fritz Perls entsteht das Metamodell; ein Modell von Sprache, welches einschränkende Strukturen in der Gedankenwelt des Kommunikationspartners sichtbar macht und ermöglicht, diesen gezielt zu begegnen.

1977
Aus der Untersuchung des Wirkens des Hypnotherapeuten Milton Erickson wird das Milton-Modell entwickelt. Der gewünschte Veränderungsprozess wird durch Trance induzierende Sprachmuster eingeleitet und unterstützt. Der „Therapeut“ bleibt in seinen Aussagen unpräzise und vage, um den Klienten inhaltsfrei (und wertfrei) zu führen. Der Klient bleibt ganz auf sich selbst konzentriert, die Probleme müssen vom Kunden in der Regel nicht einmal explizit benannt werden. Den Fortschritt der Veränderung erkennt der NLP-Anwender an den so genannten Physiologien des Kunden, an kleinsten Veränderungen der Hautfarbe, der Atemfrequenz, des Muskeltonus etc..

1980
Richard Bandler, John Grinder und Robert Dilts entwickeln das Konzept der Strategien. Als Master-Modell dient das T.O.T.E - Modell nach G. Miller (Test, Operate, Test, Exit). Strategien sind sichere Rezepte zur Zielerreichung.

1982
Das von Bandler und Grinder entwickelte Konzept des Reframings ermöglicht Veränderungen, welche sonst nur unter Hypnose erreicht werden können. Durch die Veränderung des Rahmens einer Handlung wird deren Bedeutung geändert, sie wird dann durch das Subjekt anders erlebt und erinnert.

1984

R. Bandler erkennt die Möglichkeiten der Submodalitäten (= Feinunterschiede). Durch ihre Veränderung ändert sich auch der Gesamtkontext.

1988

Die von Tad James entwickelte Time-Line-Therapy hilft, traumatisierende Ereignisse aus der Vergangenheit zu bearbeiten.

1990

Re-Imprinting (= Neuprägung) nach Robert Dilts verändert in der Kindheit erworbene negative Beliefs (= Glaubenssätze). NLP erhält immer mehr systemtheoretische Anteile.

1996

Future Chaining (= Verkettung mit der Zukunft) wird von Roman Braun als logische Ergänzung der Time-Line-Therapy entwickelt und von Tad James integriert. Lähmende Angst vor zukünftigen Ereignissen lässt sich damit eliminieren.

2.1.2. NLP in Deutschland

Um NLP-Wildwüchse im Zaum zu halten, haben die national organisierten Verbände, die sich zum größten Teil gegenseitig anerkennen, Ausbildungscurricula entwickelt.
In Deutschland gab es zunächst zwei Verbände. Der DGNLP (Deutsche Gesellschaft für NLP) entstand Mitte der siebziger Jahre. Die "German Association for Neuro-Linguistic Programming"(GANLP) wurde im Jahre 1992 als Schwesterorganisation der IANLP (InternationalNLP Association) gegründet.
Im Mai 1996 schlossen sich der GANLP und der DGNLP zum DVNLP (Deutscher Verband NLP) zusammen. Die Aus- und Fortbildungskommission des DVNLP legt aktuell Richtlinien für die zertifizierte Ausbildung der NLP-Praktizierenden fest und gliedert die Ausbildung[18].

Die einzelnen NLP-Level stellen sich wie folgt dar:

Basistraining

NLP-Practitioner, DVNLP

NLP-Master, DVNLP

Advanced NLP- Master, DVNLP

Berufsorientiertes NLP-Training

Trainer, DVNLP

Coach, DVNLP

Ausbildungsstufen

Lehrtrainer, DVNLP

Coach, DVNLP

[18] Vgl. DVNLP Kommission für Aus- und Fortbildung (Hrsg.), (Curricula seit 2000, o.J.), online im Internet.

2.2. Grundlagen des NLP

Bevor ich nun nach einem Abriss der geschichtlichen Entwicklung die einzelnen NLP-Techniken darstelle und ihren Wert im Personalmanagement untersuchen werde, sollen zunächst einige Vorannahmen und Leitsätze sowie die Hauptidee genannt werden.
Neuro-Lingustisches Programmieren wird häufig in der abgekürzten Form „NLP“ verwandt. NLP geht davon aus, dass alles menschliche Verhalten sich aus den neurologischen Prozessen, welche als Input-Geber die fünf Sinne - sehen, hören, riechen, schmecken und fühlen - besitzen, ableitet. Sprache dient als Ordnungselement unserer Wahrnehmung und ermöglicht die Kommunikation mit anderen. Unser Weltbild ist sprachrepräsentiert. Programmierung meint nun, dass sich Verhalten und Denkweisen durch Einflussnahme verändern lassen.

Darst. 1: Herleitung des Begriffs NLP

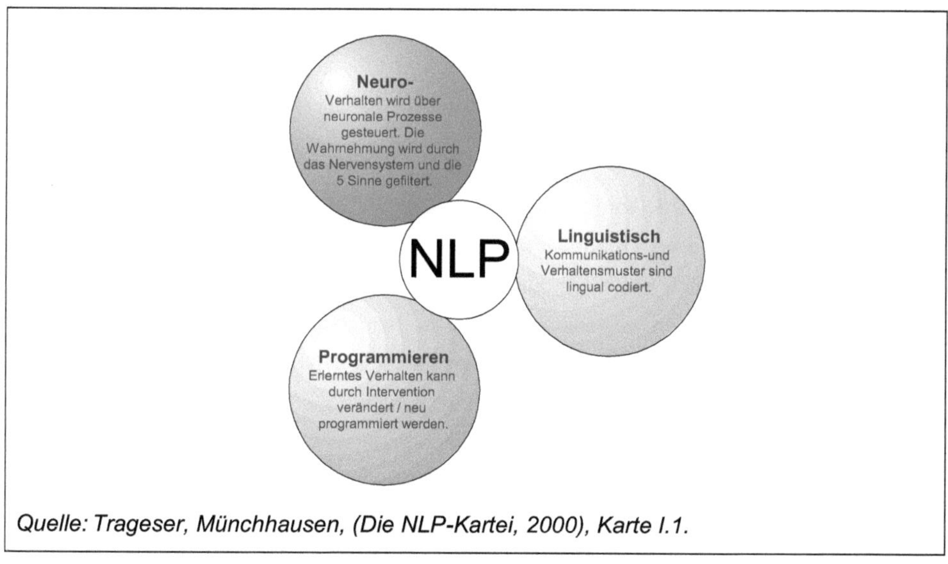

Quelle: Trageser, Münchhausen, (Die NLP-Kartei, 2000), Karte I.1.

Nachfolgend wird die Informationsaufnahme über die Sinneskanäle dargestellt. NLP spricht hier von Repräsentationssystemen.

2.2.1. Repräsentationssysteme

NLP geht davon aus, dass Menschen alle äußeren Einflüsse über fünf Sinneskanäle aufnehmen. Das System der Informationsaufnahme wird Repräsentationssystem genannt.

Die sinnlich konkreten Repräsentationssysteme sind:

Visuell

akustisch

kinesthetisch

olfaktorisch

gustatorisch

Mit der Abkürzung VAKOG werden sie in ihrer Gesamtheit im NLP-Fachjargon gefasst. Diese VAKOG-erworbenen Eindrücke werden linguistisch verarbeitet, kodiert und organisiert. Jeder Mensch hat diese fünf Sinne mehr oder minder gut ausgebildet und benutzt sie nebeneinander. Gleichwohl besitzt er jedoch im Regelfall ein bevorzugtes Repräsentationssystem, über das er besonders leicht anzusprechen ist. In Mitteleuropa sind die meisten Menschen eher visuell veranlagt. („Ich glaube nur, was ich sehe"). Um als NLP-Anwender die Welt eines Klienten so wahrnehmen zu können, wie dieser sie erlebt, ist es erforderlich, zum einen sein Hauptrepräsentationssystem zu erkennen, zum anderen sollte der NLP-Handelnde aber auch selbst in diesem System gut agieren können. Menschen weisen besonders durch Ihre Wortwahl auf ihr präferiertes Sinnessystem hin.

2.2.2. Vorannahmen / Leitsätze

Das Neuro-Linguistische Programmieren stützt sich auf so genannte Vorannahmen und Leitsätze. Ihre Kenntnis ist unabdingbar, wenn man NLP in seinen Grundzügen begreifen will.

Die NLP-Kartei nennt die gebräuchlichsten:[19]

1. **„Die Landkarte ist nicht das Gebiet.“**[19]
   Jeder Mensch hat ein inneres Bild von der Welt, welches diese nur unvollständig repräsentiert. Wir können nur auf dieses Bild nie aber auf die Wirklichkeit bezogen agieren.
2. **„Menschen treffen innerhalb ihres Modells von der Welt grundsätzlich die beste ihnen subjektiv mögliche Wahl.“**[19]
   Menschen handeln im Rahmen ihrer oft eingeschränkten Möglichkeiten so optimal wie möglich. Eine als böswillig erscheinende Verhaltensweise ist möglicherweise nur auf eingeschränkte Möglichkeiten zurückzuführen.
3. **„Jedes Verhalten wird durch eine positive Absicht motiviert.“**[19]
   Jeder Mensch beabsichtigt mit seinem Verhalten zunächst einen Gewinn für sich selbst, ungeachtet der Risiken und Nebenwirkungen auf sich und andere.
4. **„Für jedes Verhalten gibt es einen Kontext, in dem es sinnvoll oder nützlich sein kann.“**[19]
   Jedes gelernte Verhalten war irgendwann einmal nützlich. Wichtig ist es, auch unter veränderten Bedingungen, ein dem jeweiligen Kontext angemessenes Verhalten an den Tag zu legen.

[19] Trageser, Münchhausen, (Die NLP-Kartei, 2000), Karte I.6.

5. **„Der positive Wert eines Individuums bleibt konstant, aber die Angemessenheit von Verhalten kann bezweifelt werden.“**[19]
   Dieser Satz beinhaltet den humanistisch geprägten Teil von NLP. Jede Person ist wertvoll. Es mag allerdings sein, dass sie sich unerwünscht verhält (nicht: „Du bist dumm!“ sondern „Du verhältst dich dumm“).
6. **„Menschen haben alle Ressourcen in sich, um jede gewünschte Veränderung an sich vorzunehmen.“**[19]
   Hier wird das Menschenbild der humanistischen Psychologie entliehen. NLP hilft, die dem Menschen innewohnenden Ressourcen freizulegen.
7. **„Es gibt in der Kommunikation keine Fehler oder Defizite - alles ist Feedback.“**[19]
   Jede Reaktion ist nützlich. Als Feedback bewertet kann sie zu neuer Strategie führen.
8. **„Die Bedeutung der Kommunikation liegt in der Reaktion, die man erhält.“**[19]
   Der Sender trägt die Verantwortung für das Gelingen der Kommunikation.
9. **„Wenn etwas nicht funktioniert, tu etwas anderes.“**[19]
   Flexibilität ist der Schlüssel zum persönlichen Erfolg.
10. **„Widerstände beim Kunden / Klienten bedeuten mangelnde Flexibilität auf Seiten des Beraters.“**[19]
    Widerstand ist ein Resultat mangelnden Rapports, keine Böswilligkeit des Gegenübers.

Einige Autoren ergänzen noch explizit um weitere Vorannahmen, welche teils bereits in den bisher genannten enthalten sind, Wiederholungen sind dabei ausdrücklich erwünscht. Diese Vorannahmen finden sich in Anhang 1.

Als wesentlich sind weiterhin zu erwähnen:

- Intellekt, Seele und Körper sind Teile des gleichen kybernetischen Systems und beeinflussen sich gegenseitig
- „Man kann nicht nicht kommunizieren"[20]. Auch wenn nichts gesagt wird, werden nonverbale Signale ausgesendet, auf die das Gegenüber in irgendeiner Weise reagiert.
- Erfolgreiche Kommunikation stellt für alle einen Gewinn dar; win - win[21] Beziehungen sind dauerhaft.

In den Grundannahmen des NLP finden sich ein humanistisch geprägtes Weltbild sowie Leitsätze aus den unterschiedlichsten Kommunikationstechniken wieder.

2.3. Zehn Grundtechniken

Nach der Darstellung der Entwicklungsgeschichte und der theoretischen Basis des Neuro-Linguistischen Programmierens ist es nun von Interesse zu untersuchen, welche Fähigkeiten bereits die niedrigste Stufe der DVNLP-zertifizierten NLP-Ausbildung - die Stufe des NLP-Practitioners - vermittelt. Es kann davon ausgegangen werden, dass höhere Ausbildungsstufen diese Qualifikation nur noch verfeinern und verbessern können. Ich werde mich daher ausschließlich der Betrachtung von Techniken widmen, deren Beherrschung zur Erreichung des Zertifikates „NLP-Practitioner" obligatorisch ist.

[20] Watzlawick, Beavin, Jackson, (Menschliche Kommunikation, 2000), S. 53.

[21] Kommunikationsgrundprinzip, vgl. Fisher, Ury, Patton (Das Harvard-Konzept, 2002).

2.3.1. Wahrnehmung

Die erste Grundvoraussetzung für erfolgreiches NLP-Handeln ist die genaue Wahrnehmung des Gegenübers. Viele Menschen glauben, gut erkennen zu können, was ihr Gesprächspartner momentan denkt oder fühlt. Sie verlassen sich auf grobe körpersprachliche Signale[22]. Über der Brust gekreuzte Arme werden gern als Verschlossenheit, unter dem Tisch verknotete Beine als Angespanntheit interpretiert. Je größer die vermeintliche Erfahrung des Wertenden ist, desto stereotyper sind auch seine Einschätzungen. Der NLP-Anwender stellt zunächst keine Stimmungen beim Gegenüber fest, sondern beschränkt sich auf Wahrnehmungen, welche er sinnlich-konkreten Kategorien (Repräsentationssystemen) zuordnen kann.

Alexa Mohl findet in vier Wahrnehmungsbereichen 23 Parameter:

Darst. 2: Wahrnehmungsmöglichkeiten in VAKO

visuell	**auditiv**	**kinästhetisch**	**olfaktorisch**
Atemvolumen	Sprechtempo	Hauttemperatur	Alkohol
Atemfrequenz	Tonlage	Hautfeuchtigkeit	Schweiß
Gesichtsfarbe	Lautstärke	Muskelspannung	Parfüm
Blickrichtung	Timbre	Druck	
Lidreflex			
Pupillengröße			
Augenfeuchtigkeit			
Lippengröße			
Hautfeuchtigkeit			
Muskelspannung			
Haltung und Bewegung der Extremitäten			
Ideomotorische Bewegungen			

Quelle. Mohl (Zauberlehrling, 2000), S. 21f.

22 Vgl. Pease, (Der tote Fisch in der Hand, 2003).

Gustatorische Elemente fehlen in der Standard-Kommunikation im Regelfalle.

Aus der Kombination der einzelnen Wahrnehmungen werden vier für NLP relevante innere Zustände abgeleitet. Die Ausprägung und Stärke dieser durch den inneren Zustand ausgelösten Physiologien (z.B. kleinste Veränderungen der Hautfarbe, der Atmung, der Atemfrequenz) schwankt je nach erlebten Gefühlen und ist generell personenabhängig.

Thies Stahl[23] benennt diese vier Physiologien:

Problemphysiologie

Jemand, der sich einer Aufgabe oder Problemstellung gegenüber sieht, für welche eine Lösung nicht greifbar ist, zeigt diese Physiologie. Er konzentriert sich nur auf das Problem, nicht auf die Lösung.

Zielphysiologie

Sobald ein Ziel klar erkannt ist und sinnlich konkret beschrieben werden kann, wird diese Physiologie eingenommen.

Ressourcenphysiologie

Die Ressourcenphysiologie zeigt, dass der Betroffene Kontakt zu den erforderlichen Ressourcen (Kenntnisse, Fähigkeiten, Mittel, Strategien) besitzt, um sein Ziel zu erreichen. Die Ressourcenphysiologie ist entgegen der Zielphysiologie nicht zukunfts- sondern vergangenheitsorientiert. Der Ressourceneigner besitzt aus der Vergangenheit die Referenzerfahrung, dass er diese Ressourcen besitzt. Dieser Zustand ist kraftvoll und energiegeladen.

Versöhnungsphysiologie

Wenn der Klient erkannt hat, dass sein als problematisch bewertetes Verhalten zunächst eine positive Absicht beinhaltet und zu anderen Gelegenheiten durchaus adäquat ist oder gewesen ist, zeigt er die Merkmale dieser Physiologie.

Nicht immer sind Physiologien klar abgegrenzt.

Einen besonderen Stellenwert in der Beurteilung des gerade verwandten Repräsentationssystems stellen die so genannten Augenzugangshinweise dar. Beim Nachdenken bewegen wir unsere Augen sehr deutlich in unterschiedliche Richtungen. Je nach Repräsentationssystem, in dem wir uns gerade bewegen, ist die Blickrichtung unterschiedlich.

---

[23] Vgl. Stahl, (Triffst Du ´nen Frosch unterwegs.., 1988), S. 18 ff.

Bei Nutzung des visuellen Repräsentationssystems schauen wir nach oben; das auditive System zeigt Augenbewegungen auf einer horizontalen Mittellinie, im kinästhetischen Bereich und beim inneren Dialog weisen die Augen nach unten. Erinnern wir uns an Bilder und Geräusche, blicken wir nach links, stellen wir uns etwas nur in der Zukunft vor, d.h. konstruieren wir etwas, weisen unsere Augen nach rechts.

Darst. 3: Augenzugangshinweise

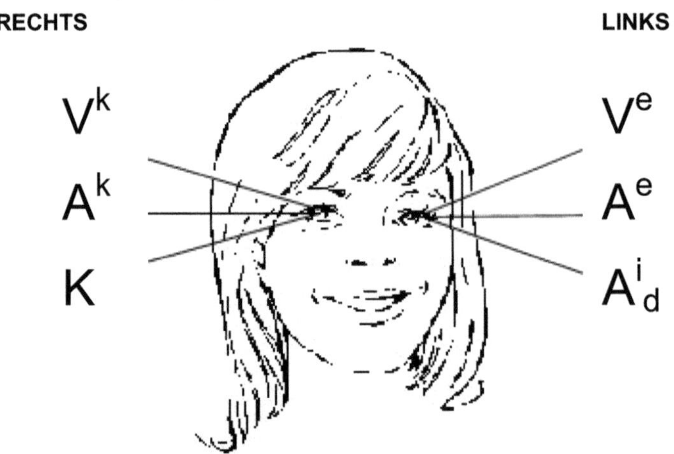

V^k	=	Augenbewegung nach oben rechts **visuell konstruiert** Man stellt sich nie Gesehenes vor (Fantasiegebilde)	V^e	=	Augenbewegung nach oben links **visuell erinnert** Man erinnert sich an Gesehenes
A^k	=	Augenbewegung auf Ohrhöhe rechts **auditiv konstruiert** man konstruiert Worte, Töne, Stimmen, wie sie nie real waren (Fantasiegebilde)	A^e	=	Augenbewegung auf Ohrhöhe links **auditiv erinnert** Man erinnert sich an schon Gehörtes.
K	=	Augenbewegung nach unten rechts **kinästhetisch** Man spürt etwas, nimmt Empfindungen wahr oder erlebt Emotionen und Gefühle	A^i_d	=	Augenbewegung nach unten links *innerer Dialog* Man redet mit sich selbst bzw. lauscht der eigenen Stimme

Quelle: Trageser, Münchhausen, (Die NLP-Kartei, 2000), Karte II.5.

Beispiel:
Wenn jemand gefragt wird, was er gestern Nachmittag gemacht hat, und er schaut dann nach oben links, ist alles in Ordnung, er hat sich an ein Bild erinnert (visuell erinnert = V^e); schaut er jedoch nach oben rechts, konstruiert er eine neue Wirklichkeit –
er lügt (visuell konstruiert = V^k).

Die in der Abbildung zugewiesenen Bedeutungen der Augenbewegungen entsprechen dem Durchschnitt, im Einzelfall mag es Abweichungen geben. Es ist daher nötig, die Augenzugangshinweise bei jedem Gesprächspartner einmalig zu kalibrieren.
Beispiel:
Wie sah der Strand an deinem letzten Urlaubsort aus? (Blickrichtung = V^e)
Erinnerst Du Dich noch an den Krach am Strand? (Blickrichtung = A^e)

Die Augenzugangshinweise sind im Regelfall derart signifikant, dass ihre Aus- und Bewertung jahrelang als Haupttechnik des NLP galt.

2.3.2. Rapport

Als zweite Grundtechnik und als Grundvoraussetzung für gelingende Kommunikation gilt der Rapport. Dieser Begriff bezeichnet im Militärwesen eine dienstliche Meldung. In der Welt des NLP ist ein unmittelbarer Kontakt mit wechselseitigem Senden und Empfangen von Meldungen zwischen zwei Personen gemeint. Beim Rapport begibt sich der eine Gesprächspartner in die Wahrnehmungswelt des anderen. Hierzu ist erforderlich, dass er seinem Partner wertfrei und sensorisch offen entgegentritt. Durch so genanntes Spiegeln (pacen) des Gesprächspartners lässt sich Rapport recht schnell herstellen. Pacen bedeutet, sich dem Anderen in Körperhaltung, Gestik, Atemfrequenz, Stimmlage, Sprechtempo etc. anzugleichen. Der Rapport ist umso besser, je mehr Teilbereiche gut gepacet werden.

Beim verbalen Pacing wählt der NLP-ler sein Vokabular aus dem Haupt-Repräsentationssystem seines Partners. Einem visuell orientierten Menschen gilt es mit Aussagen wie „ich sehe, dies wird gelingen; das sieht gut aus, lassen Sie uns in die Zukunft schauen“ in seiner Welt der Wahrnehmung zu begegnen.
Die Körperposition und die Gestik werden nur annähernd gespiegelt, um ein Nachäffen - und das schnelle Bemerken desselbigen - zu unterbinden. Besonders wichtig ist, das Sprechtempo und die Lautstärke des Gegenübers anzunehmen. Im Regelfall entspricht das Sprechtempo dem Tempo des intellektuellen Verarbeitungsprozesses des Sprechenden - warum sollten wir ihn zu mehr Tempo zwingen oder durch Langsamkeit langweilen. Die selbst gewählte Lautstärke stimmt mit der überein, mit welcher der Sprechende selbst angesprochen werden will (ecce: die meisten schwerhörigen Menschen sprechen selbst sehr laut). Trifft der NLP-Handelnde beim Pacing, d.h. spiegelt er korrekt, spricht man von Matching, sonst von Mismatching.
Menschen erleben Ähnlichkeiten als angstreduzierend, bei gutem Rapport entsteht ein gegenseitiges Gefühl des Vertrauens.
Helmut Krusche fasst zusammen: „Rapport [ist - Anm. d. Verf.] wie eine zärtliche Umarmung“[24].

Aus gelungenem Rapport heraus wechselt der NLP-Anwender vom Pacing in das Leading. Er wechselt langsam aus dem von seinem Gegenüber präferierten System in das ihm sinnvoll erscheinende und führt so die Kommunikation. Während der Körperhaltung des Leaders gefolgt wird, ist es auch einfacher, seiner Argumentation zu folgen, bzw. sich diese zu Eigen zu machen. Leading ist aber auch eine gute Startposition, um Veränderungsarbeit zu leisten oder Trance zu induzieren.

---

[24] Krusche, (Der Frosch auf der Butter, 1998), S. 99.

pace, pace ⇨ lead lautet der erste Lehrsatz der NLP-Adepten.

Darst. 4: Vom Pacing zum Leading

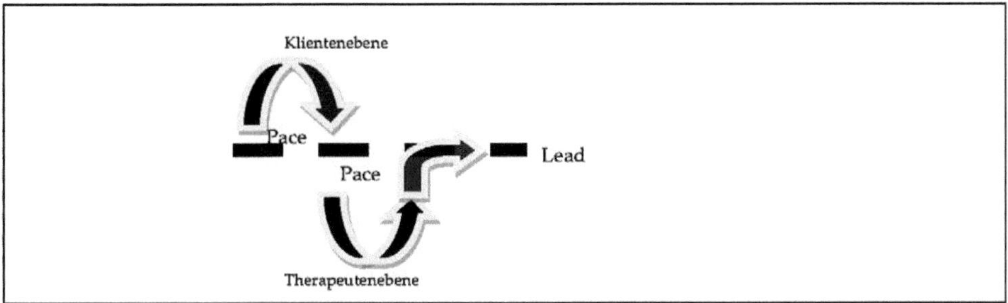

2.3.3. Metamodell der Sprache

Die dritte Grundtechnik, die ein NLP-Practitioner erlernt, ist die Anwendung des Metamodells der Sprache. Durch Sinneseindrücke gewinnen Menschen Erfahrungen. Diese sind zunächst klar und unverzerrt und werden auch so abgespeichert. Linguisten sprechen hier von Tiefenstruktur. Werden diese Inhalte sprachlich im externen oder internen Dialog dargestellt, gehen häufig Inhalte verloren, man spricht dann von Oberflächenstrukturen. Während der Transformation der erfahrungsgestützten Tiefenstruktur in die verbalisierte Oberflächenstruktur finden Veränderungen im Inhalt statt. Dies geschieht durch Tilgung, Generalisierung, Verzerrung, Nominalisierung, Unterstellungen, Gedankenlesen und den Gebrauch unvollständiger Verben. Diese unbewussten „Metamodell-Verletzungen“ begünstigen eine verkürzte / verzerrte Wahrnehmung der Wirklichkeit und schränken die Handlungsfähigkeit des Individuums ein. Durch gezielte Fragen lassen sich Oberflächenstrukturen in ihre Tiefenstrukturen zurückverfolgen.

Hier einige Beispiele:

- **Tilgungen**

  Bei Tilgungen werden Erfahrungsanteile ausgeblendet.

  Diese Verkürzung kann bei Problemen lösungshinderlich sein.

  Proband: *„Das traurige Ergebnis der Umfrage gibt zu denken."*

  NLP-Fragen: „Was ist an dem Ergebnis traurig?"

  „Wem gibt das Ergebnis zu denken?"

  „Wen macht das Ergebnis traurig?"

  Proband: *„Er sagte, er werde sich bessern."*

  NLP-Fragen: „Was meinte er mit „sich bessern"?

  „In Bezug worauf wollte er sich bessern?"

  „Wem sagte er das?"

- **Generalisierung**

  In der Generalisierung wird eine Einzelerfahrung als repräsentativ für eine übergeordnete Erfahrungsklasse ausgegeben. Die Wahrnehmung weist Unschärfen auf. Zu hinterfragen ist mit Phrasen wie: „Wer genau?" „Was genau?"

  Proband: *„Man schätzt meine Arbeit nicht."*

  NLP-Fragen: „Wer genau schätzt die Arbeit nicht?"

  „Welche Anteile der Arbeit werden nicht geschätzt?"

  Zu beachten und somit zu verifizieren sind unpräzise Verallgemeinerungen wie: keiner, niemand, jeder, alle, irgendein, sämtliche, nie, niemals, nirgendwo, irgendwo, immer....... etc.

- **Verzerrung**

  Verzerrungen sind Fehlinterpretationen von Kausalketten.

  Proband: *„Ich esse viel, weil ich so einen Stress habe!*

  NLP-Frage: „Isst Du nur bei Stress viel?"

  „Isst Du immer bei Stress viel?"

- **Nominalisierung**
  Verben werden in Substantive umgewandelt, um das Prozesshafte und somit Veränderbare der Verbform zu verschleiern.
  Proband: *„Die Entscheidung ist gefallen.“*
  Entscheiden kann man sich jeden Tag neu - Entscheidungen aber stehen fest.
  Hier wird die Aussage vom NLP-Anwender wieder in die Verbform gebracht: „Du hast dich entschieden.“
- **Unterstellungen**
  Unterstellungen sind nicht auf Erfahrungswerte hin geprüfte Annahmen. Sie schieben einen Filter vor die Wahrnehmung und behindern die Handlungsfähigkeit.
  Proband: *„Wenn Du mich lieben würdest, hättest Du mehr Zeit für mich!“*
  NLP-Frage: „Woran glaubst Du zu merken, dass ich Dich nicht liebe?“
- **Gedankenlesen**
  Befürchtungen werden als Realität dargestellt und sind somit (fast) unabänderbar.
  Proband: *„Sie liebt mich nicht!“*
  NLP-Frage: „Woran merkst Du, dass sie Dich nicht liebt?“
- **Gebrauch unvollständiger Verben**
  Es werden Verben benutzt, die den Sachverhalt nicht eindeutig darstellen.
  Proband: *„Er hat mich verletzt!“*
  Wie? Womit? Verbal? Taktil? Emotional? Körperlich?

Neben dem drohenden Wirklichkeitsverlust für den Metamodell-Verletzer besteht eine weitere Gefahr der Metamodell-Verletzung darin, dass der Zuhörer eine breite Interpretationsmöglichkeit hat und für sich die wählen wird, welche seinem Bild der Wirklichkeit entspricht und nicht unbedingt die, welche der Sprecher meint.

2.3.4. Problem- und Zielbestimmung

Die vierte in der Grundstufe der NLP-Ausbildung zu erlernende Technik ist die korrekte Problem- und Zielbestimmung. NLP ist in erster Linie eine Technik, mit der es gelingen kann, Verhalten zu verändern. Um effektiv arbeiten zu können, ist es nötig, das Problem, von dem der Klient sich lösen will, oder das Ziel, welches er erreichen will, zu definieren und einzugrenzen. Dieses geschieht in einem ersten Schritt durch Fragen im Rahmen des Metamodells der Sprache.

Menschen neigen dazu, Probleme unscharf zu formulieren und Ziele nur globalisiert zu verbalisieren.
Besondere Vorsicht beim Hinterfragen ist allerdings geboten, wenn ein schwerwiegendes und besonders belastendes Problem bearbeitet wird. Wenn der Problembesitzer zu tief in den Status der Problemphysiologie geführt worden ist, ist er nicht mehr handlungsfähig. Bei gutem Rapport erkennt der Trainer diese Physiologie und setzt einen Seperator (= einen Unterbrecher, welcher den ungewünschten Physiologie-Zustand beendet).
Meist reicht der Zuspruch „Komm zurück ins ´Hier und Jetzt´." Der Partner löst sich von der Introspektive und richtet seine Sinne wieder nach außen.

Aus der vorsichtigen und rücksichtsvoll schonenden Problembestimmung ergibt sich die Zielbestimmung. Diese muss so konkret wie eben möglich sein, um ihre Erreichbarkeit zu optimieren. Der Klient wird gebeten, sich sein Ziel sinnlich konkret in VAKOG vorzustellen, er nimmt hierbei eine Zielphysiologie ein.

NLP-Ziele müssen **SMART** sein:

Sinnlich konkret beschrieben:

Wie soll das Ziel aussehen, wie fühlt es sich an, wenn ich es erreicht habe, wie hört sich das dann an etc..

Messbar

Woran merke ich, dass ich mein Ziel erreicht habe?
Schlanksein ist kein wohlgeformtes Ziel, da es nicht messbar ist; messbare Ziele können sein:
Ich will 75 kg wiegen!
Mein Hochzeitskleid soll mir wieder passen!

Attraktiv

Das Ziel muss attraktiv formuliert sein, es darf keine Negationen enthalten. Statt „Ich will ohne Angst sein" sollte es z.B. lauten „Ich will entspannt sein".

Realistisch

Ein Ziel muss erreichbar sein, im eigenen Kompetenzbereich liegen und vom eigenen Handeln abhängig sein. Die Mittel zum Erreichen des Zieles müssen im eigenen Machtbereich sein, die freiwillige Mitarbeit anderer kann nicht vorausgesetzt werden.

Terminiert

Es muss ein konkreter Termin gesetzt werden, bis zu dem das Ziel erreicht sein soll.

Von immenser Wichtigkeit ist, dass das Ziel auf seine Risiken und Nebenwirkungen hin überprüft wird. Im so genannten Ökologiecheck wird überprüft, welche Auswirkungen das Erreichen des Zieles auf das Umfeld hat und welche Parameter sich automatisch ebenfalls ändern.

Folgende Fragen sind zur Beurteilung der Umweltverträglichkeit hilfreich:

- Was wird geschehen, wenn ich mich verändere?
- Was wird geschehen, wenn ich mich nicht verändere?
- Was wird nicht geschehen, wenn ich mich verändere?
- Was wird nicht geschehen, wenn ich mich nicht verändere?

2.3.5. Arbeiten mit Ressourcen

Arbeiten mit Ressourcen ist die fünfte Technik, die in der NLP-Grundausbildung vermittelt wird. Ressourcen stellen die Potentiale, Fähigkeiten, Erfahrungen und Fertigkeiten dar, die ein Individuum in seinem Leben erworben hat. Eine Grundannahme des NLP ist ,,dass jeder Mensch alle Ressourcen hat, die er zur Lösung seiner Probleme benötigt“ [25]. Es ist unerheblich, ob diese Erfahrungen real erlebt worden sind oder nur das Konstrukt einer Vorstellung sind. Ereignisse lassen sich vorwegnehmen. Die Frage „Wie wirst Du Dich fühlen, wenn Du jene Prüfung bestanden hast?“ lässt den Befragten eine zukünftige Wirklichkeit konstruieren. Diese Zukunftsprojektion sollte unter Beteiligung aller fünf Repräsentationssysteme (= VAKOG) geschehen. Meist stehen dem Betroffenen in Problemsituationen nicht alle Ressourcen zur Verfügung. Ein Trainer wird also mit seinem Klienten eine Ressource suchen, welche in der akuten Problemlage hilfreich sein könnte und den Kunden bitten, diese Ressource in seiner Vorstellung mit in die Problemsituation zu nehmen. Der Kunde wird zunächst die für ihn typische Problemphysiologie mit der Ressourcenphysiologie verbinden und dann die Zielphysiologie zeigen.

---

[25] siehe auch Kapitel 2.2.2.

2.3.6. Ankern

Ankern ist die sechste Technik, welche jeder NLP-Schüler beherrschen sollte. Die NLP-Lehrmeinung geht davon aus, dass alle Erfahrungen über die Sinneskanäle aufgenommen und in allen Repräsentationssystemen (= VAKOG) repräsentiert und gespeichert werden. Jede Erfahrung wird durch eine Kombination mannigfaltiger Sinneseindrücke verkörpert. Durch Erinnern und Erleben eines Teils dieser Sinneseindrücke können die anderen reproduziert werden. Zimtgeruch lässt an Weihnachten denken, ein Lied an die erste große Liebe. Es entsteht nicht nur eine visuelle Erinnerung, nein auch damals wahrgenommene Geräusche und Gefühle werden wieder präsent. Sinneseindrücke, welche andere reproduzieren können, werden als Anker bezeichnet. Anker entstehen entweder durch Wiederholungen - das Glöckchen bei den Pawlowschen Hunden -, oder aber indem eine Situation mit einem von außen gezielt gesetzten Reiz neu gekoppelt wird. Am einfachsten geschieht dies durch einen kinästhetischen Anker (Berührungsreiz). Sinnvoll ist es, bei einem Klienten einen ressourcevollen Moment zu ankern.
Beispiel:

> Der Klient wird gebeten sich an eine Situation zu erinnern, in der er sich als stark, geliebt, geachtet etc. erlebt hat. Er wird gebeten, sich ganz der Situation hinzugeben und sie in allen Kanälen zu erleben (VAKOG). Wenn seine Physiologie einen starken und klaren Ressourcenzustand erreicht hat, drückt der Trainer das Handgelenk des Probanden kurz und fest und verbindet so den erlebten „moment of excellence" mit dem Anker „Druck auf das Handgelenk". Es wird ein Seperator gesetzt, um den Ressourcenzustand zu beenden und ins ´Hier und Jetzt´ zurück-zukehren. Der Anker wird erneut bedient. Wenn sich die Ressourcenphysiologie zeigt, war das Ankern erfolgreich. Der Anker kann nun auch von dem Klienten selbst bedient werden und in schwierigen Situationen zur Stärkung genutzt werden.

Neben kinästhetischen Ankern ist aber auch jeder andere im VAKOG repräsentierte Anker denkbar. Bei der Time-Line-Arbeit[26] wird gern mit Bodenankern gearbeitet. Wenn Anker nicht gepflegt werden, d.h. wenn sie nicht ab und zu bedient werden, verblassen sie bis zur Wirkungslosigkeit, sie werden schlicht vergessen.

---

[26] siehe auch Kapitel 2.3.10

2.3.7. Reframing

Als siebte NLP-Technik gilt der Einsatz von gezieltem Reframing. Alles Verhalten, alles Erlebte, alle Erfahrung wird in einem Kontext bewertet. Sich in der Sauna seiner Kleidung zu entledigen ist angemessen, dies in der U-Bahn zu tun mag zu einer Strafanzeige führen.

Ταράσσει τοὺς ἀνθρώπους οὐ τὰ πράγματα, ἀλλὰ τὰ περὶ τῶν πραγμάτων δόγματα

= "Nicht die Dinge beunruhigen die Menschen, sondern die Meinungen über die Dinge"[27].
Durch ein Reframing wird der Rahmen (= frame), in dem die Handlung stattfindet, verändert, d. h. der Handlungskontext verändert sich.
Reframings stellen häufig die Pointe in Witzen dar.
Durch Reframings werden Grundeinstellungen deutlich: Ist das Glas halb leer oder halb voll?
Man unterscheidet zwischen Kontext- und Bedeutungsreframing:

- Sägemehl ist im Kontext eines Sägewerkes Abfall, für die Spanplattenindustrie aber ein wertvoller Rohstoff. Mit der Änderung des Kontextes ändert das Sägemehl auch seinen Wert.
- Schmutzige Fußabdrücke in der Küche können ein Ausdruck der geringen Wertschätzung der Arbeit der Hausfrau sein, es kann aber auch bedeuten, dass die Kinder, welche die Hausfrau liebt, in der Nähe sind[28].

Durch Reframing wird zum einen die Sichtweise des Klienten erweitert, zum anderen wird die NLP-Grundannahme, dass jedes Verhalten an sich eine positive Absicht erfüllt, gelebt[29].
Reframing hilft, zunächst nicht geschätzte eigene Verhaltensweisen auch als Fähigkeiten zu begreifen und sie für besondere Situationen nutzbar zu machen. Aggression ist im Normalleben eher unerwünscht, beim Eishockey jedoch Pflicht.

---

[27] Epiktet, (Handbüchlein der Moral, 1992), Kapitel 5, S. 10 f.
[28] Vgl. Bandler, Grinder, (Reframing, 1992), S. 18 f.
[29] siehe auch Kapitel 2.2.2.

2.3.8. Strategien

Strategien beschreiben im Sprachgebrauch von NLP nach außen gerichtete Verhaltensweisen oder nach innen gerichtete mentale Abläufe, sie sind Inhalt der achten Grundtechnik. Die nach außen gerichteten Strategien werden als Makro-Strategien, die internen Prozesse als Mikro-Strategien bezeichnet. Mikro-Strategien beschreiben eine Abfolge von Sinnesrepräsentationen. Diese Repräsentationen verarbeiten sensorische Reize und haben drei Funktionen: aufnehmen, speichern/verarbeiten sowie extern reproduzieren.

Der Ablauf dieser Repräsentationsmuster weist charakteristische und geordnete Strukturen auf, welche teils nach innen gerichtet (internal) teils nach außen gerichtet (external) sind.

Beispiel: Entscheidungsstrategie

Darst. 5a: Entscheidungsstrategie – Schritt 1

Das Stück Kuchen sieht gut aus.
(visuell erinnernd / Vergleich mit bereits gegessenem Kuchen)

Darst. 5b: Entscheidungsstrategie – Schritt 2

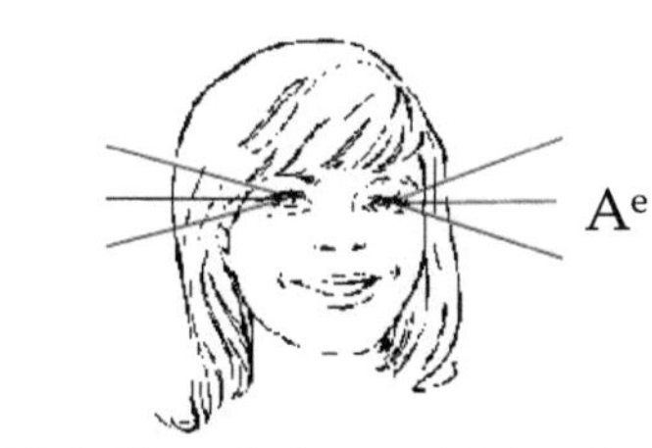

Mein Mann hat gesagt, ich sei zu dick. (auditiv erinnernd)

Darst. 5c: Entscheidungsstrategie – Schritt 3

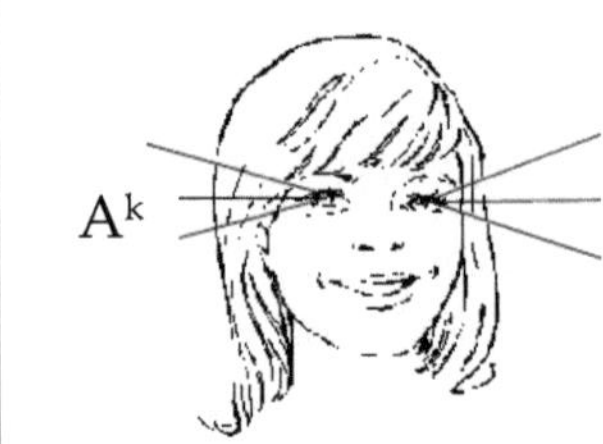

Mein Mann wird mit mir schimpfen, wenn ich Kuchen esse. (auditiv konstruierend)

Darst. 5d: Entscheidungsstrategie – Schritt 4

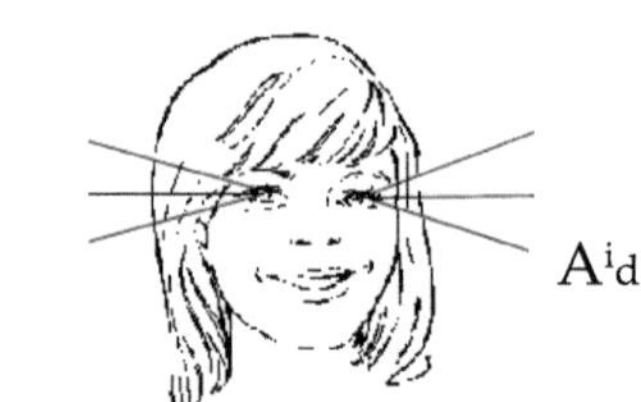

Kuchen oder Liebe? (auditiv - innerer Dialog)

Darst. 5e: Entscheidungsstrategie – Schritt 5

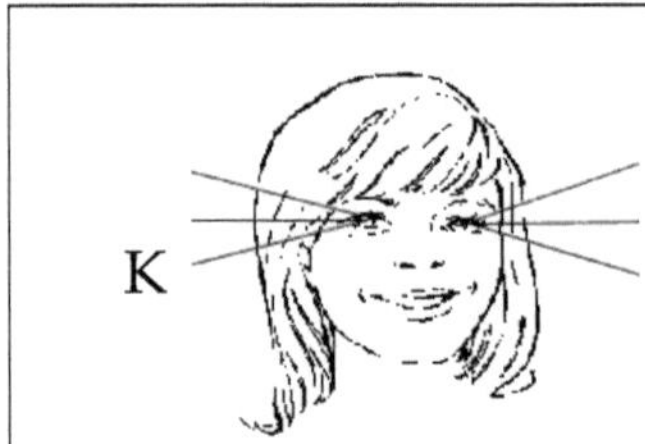

Ich habe keinen Hunger mehr! (kinästhetisch)

Der Ablauf in diesem Beispiel wird bei der Strategiearbeit formelhaft gefasst:

$V^e \longrightarrow A^e \longrightarrow A^k \longrightarrow A^i d \longrightarrow K \longrightarrow$ EXIT

Makro-Strategien befassen sich mit den großen nach außen sichtbaren Schritten.

Beispiel:

Abitur → Studium → Promotion → Beruf

Strategien funktionieren nur durch die genaue Einhaltung der Reihenfolge der in ihnen beschriebenen Teilschritte. In erfolgreichen Strategien werden parallel die drei wichtigsten Repäsentationssysteme - visuell, auditiv und kinästhetisch - paritätisch verteilt eingesetzt. Erfolgreiche Strategien lassen sich kontext- und nutzerübergreifend einsetzen.
Ein Mensch kann modelliert werden, wenn seine Strategien bekannt sind. Modellieren heißt also, sich die Strategien eines anderen zu Nutze machen, um so seine vorbildlichen Ergebnisse zu erzielen. NLP fragt hier nicht nach dem „warum" sondern nur „wie" etwas funktioniert.

2.3.9. Submodalitäten

NLP erhebt nicht den Anspruch durch eigenständige Leistungen seiner Entwickler entstanden zu sein, die Theorie der Submodalitäten jedoch ist eine völlig eigenständige Leistung Richard Bandlers[30,31]. Ihre Beherrschung ist der neunte Bestandteil des NLP-Practitioner-Könnens. Submodalitäten sind die kleinsten Bausteine der VAKOG-Repräsentationssysteme (Modalitäten). Für jede Modalität lassen sich unterschiedliche Submodalitäten finden, diese spielen in unseren Repräsentationen eine Rolle. Sie sind entweder digital beschreibbar (ja/nein; an/aus), oder verändern sich analog. Analoge Untereigenschaften lassen sich auf die vielfältigste Art und Weise verändern, da es unzählige Zwischenstufen gibt. Beispielhaft führe ich hier für die drei wichtigsten Repräsentationssysteme jeweils fünf Submodalitäten an:

---

[30] Vgl. Mohl, (Zauberlehrling, 2000), S. 287.
[31] Vgl. Bandler, (Veränderung des subjektiven Erlebens, 1995).

Darst. 6: Submodalitäten

Modalität	Ausprägung 1	Ausprägung 2
visuell		
Farbgebung	schwarz-weiß	farbig
Helligkeit	hell	dunkel
Kontrast	scharf	verschwommen
Dimensionalität	zwei-dimensional	drei-dimensional
Standort des Betrachters	assoziiert	dissoziiert
auditiv		
Lautstärke	laut	leise
Klang	hell	dunkel
Stimmmodulation	ja	nein
Harmonie	konsonant	dissonant
Sprecher	ich	nicht-ich
kinästhetisch		
Temperatur	heiß	kalt
Oberflächenstruktur	hart	weich
Flexibilität	biegsam	starr
Mobilität	unbewegt	bewegt
Gewicht	leicht	schwer

Zwischen den Ausprägungen „1“ und „2“ sind alle Zwischenstufen denkbar.

Richard Bandler hat in seinen Experimenten festgestellt, dass die rein formalen Unterschiede in den Submodalitäten im Erleben oft eine größere Rolle spielen als das Erlebte selbst.[32] Körperempfindungen und Gefühle werden also stärker von der Ausprägung der Submodalitäten in der inneren Repräsentanz beeinflusst als von dem Inhalt des Ereignisses. Diese ungewöhnliche Tatsache gibt dem NLP-ler mächtige Veränderungswerkzeuge an die Hand. Uns allen ist der folgende Ratschlag bekannt: „Stell dir Deinen Angstgegner (Lehrer etc.) in langen Unterhosen vor!“ Was geschieht, wenn der Ratsuchende dem Ratschlag folgt? Eine Submodalität wird verändert und die Angst vor Autorität vermindert.

---

[32] Vgl. Bandler (Veränderung des subjektiven Erlebens, 1995), S. 35 ff.

2.3.10 Time-Line-Arbeit

Die zehnte Technik des NLP beschäftigt sich mit der Wahrnehmung und der Repräsentation von Zeit. Die meisten Menschen verräumlichen Zeit, d.h. dass sich ihre Zeitstruktur geometrisch darstellen lässt. Die räumliche Anordnung von Zeit wird an folgenden Beispielen deutlich:
„Das liegt nun hinter mir."
„Das lasse ich links liegen."
„Ich blicke vorwärts in die Zukunft."
Menschen haben unterschiedlich geformte Zeitlinien. Die Zeitlinie lässt sich am besten festlegen, wenn man den Probanden nach einfachen Handlungen fragt und ihn diese räumlich darstellen lässt. (Beispiel: Einen Meter vor mir ist der Samstag nächster Woche zu lokalisieren, ich stelle dort einen Gegenstand
[= Raumanker] ab, um die Stelle und somit den Punkt in der Zukunft zu markieren).

Transkript der Elizitation[33] *meiner eigenen Zeitlinie während eines Workshops 1997:*

Trainer: *Putzt du dir regelmäßig morgens die Zähne?*
Hoischen: *Selbstverständlich!*
Trainer: *Gestern auch?*
Hoischen: *ja*
Trainer: *Merk Dir das Bild, dass Du dazu hast und lege es räumlich ab. Stell Dir nun vor, wie du dir vor einer Woche morgens die Zähne geputzt hast und leg das zugehörige Bild räumlich ab.*

Der Trainer führte mich mit ähnlichen Beispielen auch in die Zukunft. Meine eigene Zeitlinie beginnt links hinter mir und endet rechts vor mir weit entfernt. Ihr Anfang ist, wenn ich zur Seite schaue, für mich gerade noch sichtbar. Meine Zeitlinie läuft durch mich hindurch, ich stehe also auf ihr. Meine Zeitorientierung wird in NLP als „In Time" bezeichnet. Manche Menschen besitzen eine Zeitlinien-Repräsentation, welche von links vorn nach rechts vorn verläuft. Sie selbst sind kein Bestandteil ihrer Zeitlinie, sie sind „Through-Time".

---

[33] NLP-Handelnde verstehen unter dem Begriff „Elizitation" die korrekte räumliche Darstellung des Zeitempfindens über einzelne Fixpunkte hinweg.

Darst. 7: Verläufe von Zeitlinien

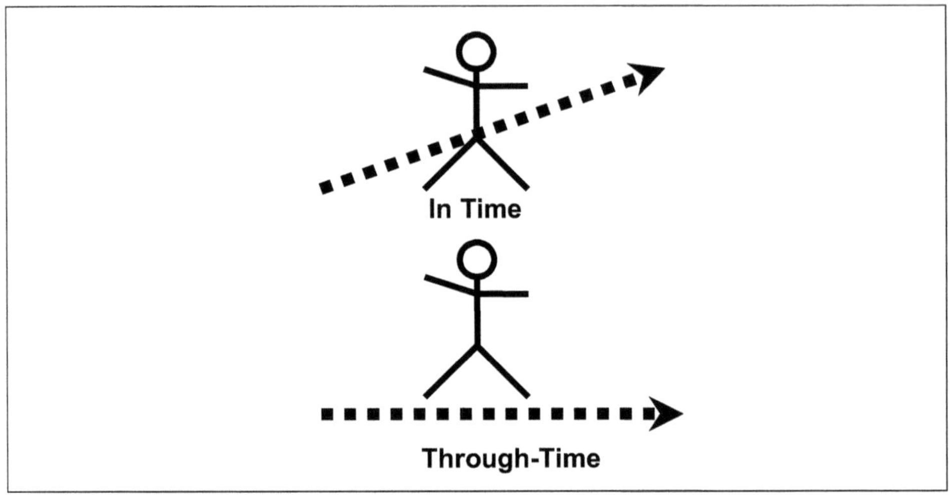

Die Zeitlinie kann genutzt werden, um Ziele zu entwickeln und diese in der Zukunft zu verankern. Es ist aber auch möglich auf einer gedachten Zeitlinie die Vergangenheit zu besuchen und dort Veränderungen der Submodalitäten durchzuführen - diese Technik wird Re-Imprint (Neuprägung) genannt.

2.4. Einsatz von NLP

Die NLP-Techniken basieren auf dem direkten Kontakt mit dem Gegenüber und dessen genauer Wahrnehmung, daher kann NLP nur in kommunikationsnahen Bereichen eingesetzt werden. Somit sind alle jene Felder, in denen keine direkte Kommunikation mit Ansprache zumindest des auditiven Systems stattfindet (NLP funktioniert auch über das Telefon), für den Einsatz ohne Bedeutung. NLP ist also im weitesten Sinne (auch) eine Kommunikationstechnik. Generell gelten für NLP alle Rahmenbedingungen als günstig, welche sich auch für den Einsatz anderer Kommunikationstechniken als förderlich erweisen. Ungestörtheit, gegenseitiges Vertrauen und vor allem guter Rapport erleichtern NLP-Handelnden die Arbeit immens.

3. Personalmanagement

Nachdem im vorhergegangenen Kapitel ein Einblick in NLP, seine Entwicklung, seine Grundlagen und Grundtechniken sowie seine Einsatzmöglichkeiten vermittelt wurde, wird nun das Einsatzgebiet Personalmanagement näher betrachtet. Wie bereits bei der Operationalisierung beschrieben teilt sich das Personalmanagement in neun Felder auf:[34]

1. Personalbestandsanalyse
2. Personalbedarfsbestimmung
3. Personalbeschaffung
4. Personalentwicklung
5. Personalfreisetzung
6. Personaleinsatz
7. Personalkostenmanagement
8. Personalinformationsmanagement
9. Personalführung

In kleineren Organisationseinheiten werden diese Aufgabenbereiche zum größten Teil durch Leitungskräfte wahrgenommen, nur in größeren Unternehmen existieren personalbewirtschaftende Sonderabteilungen (Personalabteilung, Personalamt, etc.). Personalführung jedoch ist immer Leitungsaufgabe.

3.1. Personalbestandsanalyse

Die Personalbestandsanalyse erfasst das vorhandene Mitarbeiterpotential in quantitativer aber auch in qualitativer Hinsicht; gleichzeitig findet eine Evaluierung der Zukunft statt. Entwicklungspotentiale und eventuell neben den bisher rein beruflich genutzten Fähigkeiten existierende Zusatzressourcen des Mitarbeiters liegen hier im Fokus des Interesses. Neben einer eventuellen Befragung des Mitarbeiters nach Fähigkeiten und Neigungen, welche dem Arbeitgeber noch nicht bekannt gemacht worden sind, ist kein dezidierter Kontakt zum Mitarbeiter erforderlich. Dieses Aufgabenfeld des Personalmanagements ist also kein geeigneter NLP-Einsatzort, da keine direkte Kommunikation gegeben ist.

---

[34] Scholz, (Personalmanagement, 1989), S. VII.

3.2. Personalbedarfsbestimmung

Die Personalbedarfsbestimmung errechnet den derzeitigen und den zukünftigen Bedarf an Personal. Auch hier wird sowohl quantitativ als auch qualitativ analysiert. Ein Einsatz von NLP ist wegen fehlender Kommunikation zum Mitarbeiter nicht Erfolg versprechend. Personalveränderungen werden nötig, wenn das bereits vorhandene Personal (Personalbestand, Personal-IST) nicht mit dem geforderten Personalbedarf (Personal-SOLL) übereinstimmt. Der Arbeitgeber hat unterschiedliche Möglichkeiten, einen Ausgleich herzustellen:

- Personalbeschaffung
- Personalentwicklung
- Personalfreisetzung

3.3. Personalbeschaffung

Gleichgültig, ob die Beschaffung durch interne oder externe Rekrutierung, Ausschreibungen, Flüsterpropaganda oder durch Nutzung von Blindbewerbungen[35] erfolgt, immer wird es ein Auswahlverfahren geben, in dessen Verlauf unterschiedliche Verfahren eingesetzt werden, um folgende Kompetenzen des neuen Mitarbeiters zu überprüfen:

- Fachkompetenz
- Methodenkompetenz
- Sozialkompetenz

Hier ein Überblick über die gängigen aber auch die seltener angewandten Methoden bei der Auswahl von Führungskräften. Bei der Rekrutierung nicht-leitender Kräfte mit geringem Spezialisierungs- und Ausbildungsgrad wird auf Assessment-Center und Tests in der Regel verzichtet.

---

[35] Bewerbungen, welche ein Bewerber dem Arbeitgeber ohne Aufforderung (Inserat, Headhunter, Kontakte etc.) also praktisch blind zusendet, auch Initiativbewerbungen genannt.

Darst. 8: Prozentuale Nutzung von Auswahlmethoden bei der Bewerbung von Führungskräften

Analyse der Bewerbungsunterlagen	96 %
Interviews und Vorstellungsgespräche	
strukturiertes Interview mit der Personalabteilung	55 %
unstrukturiertes Interview mit der Personalabteilung	41 %
strukturiertes Interview mit der Fachabteilung	36 %
unstrukturiertes Interview mit der Fachabteilung	49 %
Assessment-Center	14 %
Tests	
Persönlichkeitstest	7 %
Leistungstest	3 %
Intelligenztest	2 %
Referenzen	56 %
grafologische Gutachten	7 %

Quelle: Püttjer, Schnierda (Assessment-Center-Training, 2001), S.18.

Ein wie auch immer geartetes Bewerbungsgespräch - teils eingebettet in ein Assessment-Center - ist also im Regelfall integraler Bestandteil jedes Verfahrens.

Als härtestes Auswahlverfahren gilt das Assessment-Center, dessen Grundzüge in den 30er Jahren für das so genannte heerespsychotechnische Auswahlverfahren von der Deutschen Wehrmacht entwickelt wurde und welches jeder Reichswehr-Offizier, der nach 1926 ernannt wurde, durchlaufen hat.[36] Ein Assessment-Center ist *"ein systematisches Verfahren zur qualifizierten Feststellung von Verhaltensleistungen bzw. Verhaltensdefiziten, das von mehreren Beobachtern gleichzeitig für mehrere Teilnehmer in Bezug auf vorher definierte Anforderungen angewandt wird."*[37]

[36] Vgl. Hesse, Schrader, (Die 100 wichtigsten Fragen zum Assessment-Center, 1999), S. 14.
[37] Jesserich, (Mitarbeiter auswählen und fördern, 1981), S. 33.

Fußend auf diesem Bewerbungsgespräch / Assessment-Center und unter Berücksichtigung der Bewerbungsunterlagen wird im Regelfall die Endentscheidung durch die Teilnehmer des Gespräches / Centers getroffen. In Einrichtungen mit kooperativem Führungsstil[38] wird diese Entscheidung durch die Gruppe der firmenseitig teilnehmenden Personen getroffen, in hierarchisch strukturierten Unternehmen entscheidet der Chef - eventuell nach Anhörung aller teilnehmenden Mitarbeiter. Die größte Sorge eines Personalentscheiders ist, eine Fehlentscheidung zu treffen, da davon auszugehen ist, dass jede Fehlbesetzung, welche durch Entlassung und erneute Ausschreibung mit Neueinstellung korrigiert werden muss, Kosten in der Höhe eines Jahresbruttogehaltes nebst Lohnnebenkosten des Stelleninhabers für den Arbeitgeber nach sich zieht. Ist der Personalentscheider unsicher, wird er sich weniger auf die Beurteilung der Softskills als auf die ausschließliche Bewertung der in den Bewerbungsunterlagen für jeden sichtbar und nachvollziehbar aufgelisteten und durch Zeugnisse nachgewiesenen Hardskills verlassen. Seine Entscheidung ist dann zumindest nachvollziehbar und entschuldbar. Tut er dies, werden eventuell Mitarbeiter eingestellt, welche keine ausreichende Sozialkompetenz haben.[39]

Werden Entscheidungen in einem Betrieb permanent nur nach den „harten" Fakten einer Bewerbung getroffen, leidet mit hoher Wahrscheinlichkeit die Sozialkompetenz des Unternehmens, hierdurch werden die Marktchancen

- zumindest im Dienstleistungsgewerbe - erheblich gefährdet. Von Personalentscheidern muss also erwartet werden, dass sie auch Softskills der Bewerber erkennen und bewerten können; dies geschieht im direkten Kontakt und ist daher für die Anwendung von NLP geeignet.

---

[38] siehe hierzu Kapitel 3.9.3.

[39] Vgl. Siewert, (Arbeitszeugnisse, 2000), S. 20 ff.

3.4. Personalentwicklung

Personalentwicklung beschäftigt sich mit Aus-, Fort- und Weiterbildung des vorhandenen Mitarbeiterstammes. Personalentwicklung bildet das Zukunftskapital des Unternehmens. Ausbildung meint hier Ausbildung in einem Ausbildungsberuf, an gesonderten Bildungseinrichtungen, durch ein Studium oder ähnliches. Ausbildung erfolgt „into the job".

Darst. 9: Personalentwicklungsmaßnahmen

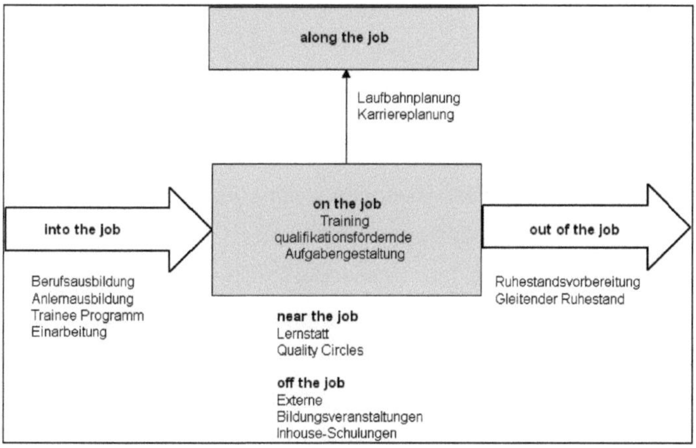

along the job

Laufbahnplanung
Karriereplanung

into the job

Berufsausbildung
Anlernausbildung
Trainee Programm
Einarbeitung

on the job
Training
qualifikationsfördernde
Aufgabengestaltung

near the job
Lernstatt
Quality Circles

off the job
Externe
Bildungsveranstaltungen
Inhouse-Schulungen

out of the job

Ruhestandsvorbereitung
Gleitender Ruhestand

Quelle: Scholz (Personalmanagement, 2000), S. 511.

Fortbildung beinhaltet Maßnahmen zur Verbesserung der Qualifikation von Mitarbeitern am vorhandenen Arbeitsplatz (im Unterschied zur Weiterbildung). Sie geschieht "on the job", "near the job" und "off the job".

Weiterbildung definiert Scholz als „das organisierte Einarbeiten in angrenzende oder neue Aufgabengebiete am Arbeitsplatz sowie Förderungsmaßnahmen, die der Vermittlung neuer Fachkenntnisse, der Entwicklung der Persönlichkeit sowie der Schulung von Führungskräften und des Führungsnachwuchses dienen."[40]

[40] Scholz, (Personalmanagement, 2000), S. 541.

Fortbildung ist eine Alternative zur Personalfreisetzung und Neueinstellung, wenn der Stelleninhaber dem Anforderungsprofil der Position nicht mehr genügt. Weiterbildung ist erforderlich, wenn ein innerbetrieblicher Wechsel (in der Regel ein Aufstieg in der Hierarchie) ansteht, oder neue Aufgaben wahrgenommen werden sollen.
Ausbildung findet im Rahmen der Mitarbeiterrekrutierung und Nachwuchsbildung statt.
Fort- und Weiterbildung können inhäusig oder aushäusig, in firmeneigenen oder firmenübergreifenden Schulungen erfolgen.
Es ist von Bedeutung, welches Fortbildungskonzept die Einrichtung verfolgt.
Zielsubjekt von Fortbildung kann sein:

- jeder Firmenangehörige
- privilegierte Gruppen
- High Potentials (Begabtenförderung)
- Mitarbeiter, deren Fähigkeitslücken besonders hohe Folgeschäden für den Betrieb befürchten lassen (Engpassregelung)

Jede Maßnahme beinhaltet neben der reinen Wissensvermittlung gleichzeitig eine Anerkennung für den Mitarbeiter, der dem Unternehmen diese Schulung „wert" ist.
Bei firmenübergreifenden Maßnahmen kann ein weiterer Gewinn der Schulung darin bestehen, dass der Mitarbeiter sich mit Firmenfremden austauschen kann und positive (seltener auch negative) gruppendynamische Effekte entstehen.

Personalentwicklung ist nur sinnvoll, wenn der zu Entwickelnde mit der Maßnahme übereinstimmt. Schulung kann neben den oben angeführten positiven Bedeutungen für den Mitarbeiter auch Überforderung, Trennung von der Familie, Einschränkung der Freizeit und ähnliche Unannehmlichkeiten mit sich bringen. Arbeitnehmerziele und Arbeitgeberziele müssen hier übereinstimmen. Schlecht ausgewählte Fortbildungskonzepte lassen nicht nur den gewünschten Effekt vermissen, sondern demotivieren Mitarbeiter und implizieren hohe Folgeschäden. Hohe Kommunikationsanteile in der Personalentwicklung lassen den möglichen NLP-Einsatz sinnvoll erscheinen.

3.5. Personalfreisetzung

Personalfreisetzung kann durch auslaufende (befristete) Arbeitsverhältnisse, Aufhebungsvertrag, Outplacement oder Kündigung erfolgen. Die Kündigung eines Mitarbeiters stellt die spektakulärste Beendigung eines Arbeitsverhältnisses dar[41].

In ihrer Innen- und Außenwirkung unterscheiden sich die drei Arten der Kündigung:

- Betriebsbedingte Kündigung
  Das Personal-Ist wird an das Personal-Soll angepasst. Hierbei ist in Zusammenarbeit mit der Personalvertretung eine Sozialauswahl zu treffen.
- Personenbedingte Kündigung
  Ein Mitarbeiter, welcher die für seine Tätigkeit notwendigen Fähigkeiten durch Krankheit etc. verloren hat, wird entlassen.
- Verhaltensbedingte Kündigung
  Dem Arbeitnehmer wird aufgrund eines erheblichen Fehlverhaltens (Verletzung seiner vertraglichen Pflichten) gekündigt.

Kündigungen sind immer risikobehaftet. Eine fehlerhafte Kündigung birgt ein hohes Prozessrisiko in sich und kann in ihrer Außenwirkung das Image des Unternehmens nachhaltig schädigen. Insbesondere verhaltensbedingte Kündigungen sollten als allerletzte Möglichkeit angesehen werden und erst am Ende einer Kette erfolgloser Interventionen durch die jeweiligen Führungskräfte stehen. Kündigt der Mitarbeiter, ist es von vitaler Bedeutung, die Gründe für diesen Schritt zu erfahren, um weiteres Abwandern von Arbeitnehmern in Zukunft verhindern zu können. Häufig sind arbeitnehmerseitige Kündigungen ein Zeichen für Störungen des Betriebsklimas.
Einen besonderen Stellenwert bei der Personalfreisetzung nimmt das so genannte „Outplacement“ ein; sein Einsatz wirkt risikominimierend. Beim Outplacement versucht der momentane Arbeitgeber einem freizustellenden Arbeitnehmer eine neue berufliche Perspektive zu eröffnen. Hierzu wird auf Arbeitgeberkosten ein externer Outplacement-Berater hinzugezogen. Dieser unterstützt den scheidenden Mitarbeiter während aller Phasen der Trennung und beruflichen Neuorientierung, begleitet ihn eventuell sogar während der Einarbeitungsphase bei seinem neuen Arbeitgeber.

---

[41] Unglücke wie Tod des Mitarbeiters etc. ausgenommen.

Die Vorteile für den Arbeitnehmer:

- psychologische Begleitung in der Ablösungsphase
- Unterstützung bei der Einschätzung des eigenen Potentials
- Entwicklung neuer Ziele
- Coaching
- Erhalt des eigenen „Marktwertes“
- Bewerbungstraining und -beratung
- Partizipieren an den externen Kontakten des Beraters

Die Vorteile des Arbeitgebers:

- Erleichterung der Trennungsgespräche
- Erfüllung der Fürsorgepflicht
- Vermeidung von Reibungen mit dem ausscheidenden Mitarbeiter
- Minimierung der Unruhe im Betrieb
- Erhalt des externen und internen Images

Ursachen zur Initiierung eines Outplacement-Verfahrens finden sich sowohl auf Seiten des Mitarbeiters als auch des Unternehmens.

Beim Arbeitnehmer:

- Intrigen (Mobbing etc.)
- Nachlassen der Leistungsfähigkeit oder -bereitschaft
- Verminderte Entwicklungsfähigkeit

Beim Arbeitgeber:

- Einführung neuer Technologien
- Änderung der Unternehmensphilosophie
- Organisatorische Änderungen

Die dunkelste Methode der Personalfreisetzung ist das „Bossing“, Mobbing durch den Vorgesetzten. Ziel ist es, das Opfer so zu drangsalieren, dass es selbst kündigt und somit dem Arbeitgeber eine rechtlich eventuell nicht haltbare Kündigung und hohe Abfindungen erspart bleiben.

Folgende Methoden werden in der Regel angewandt:

- Vorenthalten wichtiger Informationen
- Überlastung mit (Termin-) Arbeit
- Privilegienentzug
- Abstempeln als Sündenbock
- Geringschätzige Äußerungen gegenüber Dritten

Gelungene Personalfreisetzung geschieht im Dialog und bietet NLP-Einsatzorte.

3.6. Personaleinsatz

Aufgabe des Personaleinsatzes ist es, Mitarbeiter quantitativ, qualitativ, temporär und lokal einer Aufgabenstellung / Position / Planstelle zuzuordnen. Hier wird festgelegt, ob eine Aufgabe durch ein Team zu lösen ist und wie dieses zusammengesetzt sein sollte. Ein Mitarbeiter wird seinen Fähigkeiten und in modern gemanagten Einheiten auch seinen Neigungen entsprechend eingesetzt. In enger Abhängigkeit mit der Personalentwicklung wird die Karriereplanung des Arbeitnehmers erfolgen, es wird über Job-Enrichment (Aufgabenbereicherung), Job-Enlargement (Aufgabenerweiterung) und Job-Rotation entschieden.

Job-Enrichment
Der bisherige Aufgabenbereich wird durch Aufgaben, welche originär einer höheren hierarchischen Ebene angehören und anspruchsvoller und somit höherwertig sind, erweitert. Der Dispositions- und Handlungsspielraum wird durch das Job-Enrichment vergrößert (Selbstwertgefühl, Wertschätzung).

Darst. 10: Job-Enrichment

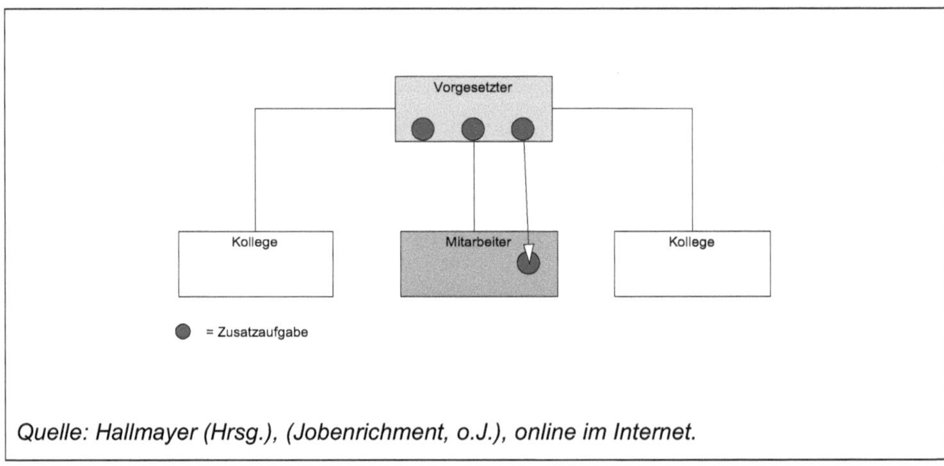

Quelle: Hallmayer (Hrsg.), (Jobenrichment, o.J.), online im Internet.

Job-Enlargement

Der Mitarbeiter übernimmt innerhalb seiner Hierarchiestufe mehrere unterschiedliche Tätigkeiten (Vielfalt statt Monotonie).

Darst. 11: Job-Enlargement

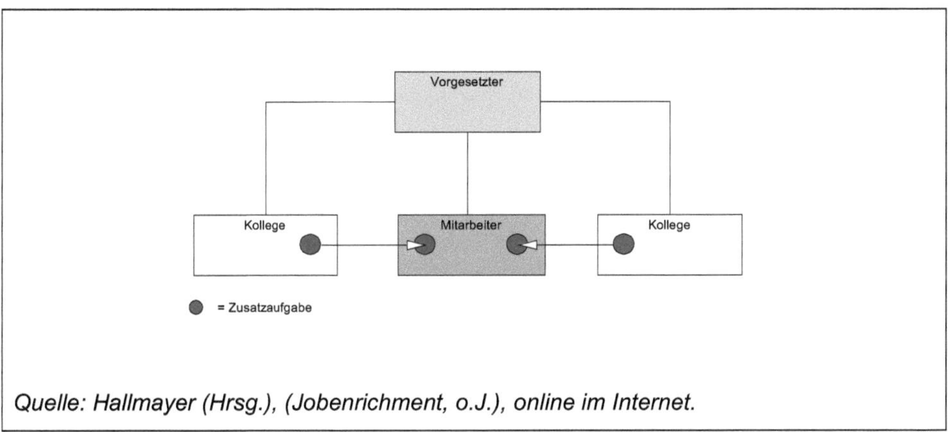

Quelle: Hallmayer (Hrsg.), (Jobenrichment, o.J.), online im Internet.

Job-Rotation

Arbeitsaufgaben werden innerhalb der Hierarchiegruppe getauscht, die einzelnen Aufgabenbereiche und ihre Inhalte ändern sich dabei nicht.

Darst. 12: Job-Rotation

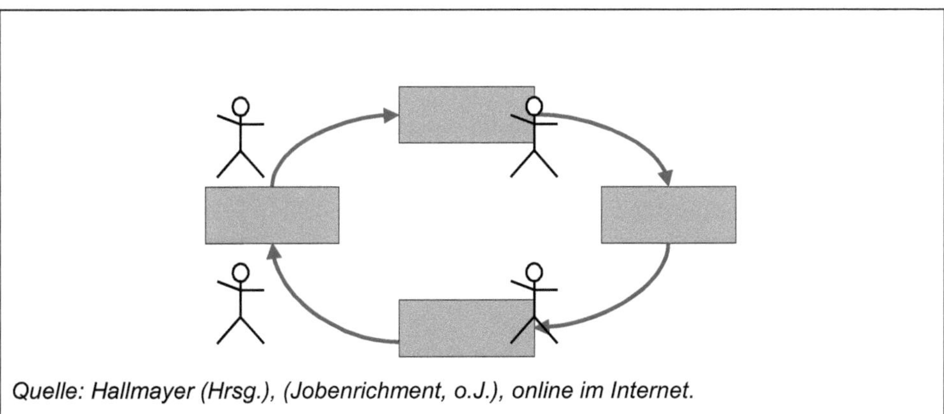

Quelle: Hallmayer (Hrsg.), (Jobenrichment, o.J.), online im Internet.

Eine besondere Art des Personaleinsatzes findet durch Job-Sculpting statt.
Der Begriff wurde von Timothy Butler und James Waldroop geprägt, welche über mehr als ein Jahrzehnt hinweg die Abwanderungsdynamik bei Spitzenkräften untersuchten[42]. Unter Job-Sculpting verstehen sie „die Kunst, für Menschen genau die Arbeitstätigkeiten zu finden, die jeweils ihrem innersten Interesse im Beruf entsprechen. Zu dieser Kunst gehört auch, individuelle Karrierepfade zu schaffen, damit die Chancen steigen, talentierte Kräfte im Unternehmen halten zu können"[43]. Sie definieren acht Hauptinteressen, welche Menschen im Beruf zu Eigen sind:

- Interesse an Technik
- Umgang mit Zahlen
- Theorieentwicklung und konzeptionelles Denken
- Interesse an kreativem Gestalten
- Beratung und Hilfeleistung
- Menschenführung und Beziehungsmanagement
- Interesse an Macht und Kontrolle
- Einfluss per Kommunikation und Ideen

Bei manchen Menschen tritt laut Butler und Waldroop nicht nur ein singuläres Interesse sondern eine Interessenkombination auf. Folgende Kombinationen sind häufig.

- Macht und Kontrolle /
  Menschenführung und Beziehungsmanagement
- Menschenführung und Beziehungsmanagement /
  Beratung und Hilfeleistung
- Umgang mit Zahlen /
  Menschenführung und Beziehungsmanagement
- Macht und Kontrolle /
  Einfluss per Kommunikation und Ideen
- Interesse an Technik /
  Menschenführung und Beziehungsmanagement
- Kreatives Gestalten /
  Macht und Kontrolle

---

[42] Vgl. Butler, Waldroop, (Wie Unternehmen ihre besten Leute an sich binden, 2000).
[43] Butler, Waldroop, (Wie Unternehmen ihre besten Leute an sich binden, 2000), S. 71.

Die Eruierung der Präferenzen des jeweiligen Mitarbeiters erfordert gelingende Kommunikation und bietet sich für die Nutzung von NLP an.

3.7. Personalkostenmanagement

Das ebenfalls im Regelfall ohne direkte Kommunikation mit dem Mitarbeiter auskommende Personalkostenmanagement beinhaltet die Personalentlohnung, die Personalkostenbudgetierung und die Beschreibung und Untersuchung der Personalkostenstruktur. Dem Personalkostenmanagement kommt als Kostensteuerungsinstrument eine besondere betriebswirtschaftliche Bedeutung zu, machen doch zumindest im Dienstleistungssektor die Personalkosten den größten Teil der Betriebskosten aus. Gleichwohl ist hier ein Einsatz von NLP-Techniken nicht erforderlich.

3.8. Personalinformationsmanagement

Im Personalinformationsmanagement werden alle die Mitarbeiter betreffenden Daten gesammelt und so aufbereitet, dass Analysen durchgeführt werden können. Gleichzeitig leitet diese Abteilung die gesetzlich geforderten Informationen den nachfragenden Externen zu. Neben dem Kostenmanagement stellt auch das Personalinformationsmanagement den Personalentscheidern Daten zur Verfügung. Auch dieses Feld des Personalmanagements ist aufgrund seiner Ferne zum Mitarbeiter für den Einsatz von NLP ungeeignet.

3.9. Personalführung

Personalführung ist die Königsdisziplin des Personalmanagements, sie erfolgt in face-to-face Kommunikation und kann somit der originäre Einsatzort für NLP sein. Unzählige Bücher sind zum Thema Führung verfasst worden, einige davon weisen den Stil von rezeptanpreisenden Kochbüchern auf. Alle mir persönlich bekannten Leitungskräfte mit Personalverantwortung sehen in der Personalführung den schwierigsten Teil ihrer beruflichen Arbeit. Personalführung kann den Konzepten unterschiedlicher Managementmodelle folgen, beinhaltet und benutzt Motivationsinstrumente, kreiert

Führungsstile und stellt nicht zuletzt hohe Anforderungen an die Persönlichkeit der Führungskraft.
Befassen wir uns zunächst mit den unterschiedlichen Managementmodellen.

3.9.1. Managementmodelle

Managementmodelle sind stark vom Menschenbild der Leitungskraft abhängig; Leitbilder in Organisationen können zwar Modelle vorgeben, aber keine Führungskraft kann dauerhaft gegen ihre innersten Überzeugungen handeln. Es ist von Relevanz, ob Manager ihre Mitarbeiter eher optimistisch oder eher pessimistisch beurteilen. Das Menschenbild des Managers ist somit führungsbedeutsam. Es lässt sich zwischen optimistischen und pessimistischen Menschenbildern unterscheiden[44].

Darst. 13: Menschenbilder

Pessimistisch geprägte Menschenbilder	
Der Mensch ist undankbar und heuchlerisch.	*Machiavelli*
Der Mensch ist prestige- und machtsüchtig.	*Hobbes*
Der Mensch ist selbstsüchtig.	*Smith*
Der Mensch überlebt nur, wenn er tüchtig ist.	*Darwin / Spencer*
Der Mensch ist primitiv und triebgesteuert.	*Freud*
Der Mensch ist wie ein Teil einer Maschine.	*Taylor*
Optimistisch geprägte Menschenbilder	
Der Mensch ist vernünftig.	*Locke*
Der Mensch wird von der Gesellschaft geprägt.	*Fromm*
Der Mensch ist ein soziales Wesen und Gruppenmitglied.	*Mayr*
Der Mensch hat auch hochwertige Motive.	*Maslow, McGregor*

Quelle: Scholz (Personalmanagement, 2000), S. 119.

[44] Vgl. Scholz, (Personalmanagement, 2000), S. 119.

Die pessimistisch orientierten Bilder sind Grundlage der traditionellen Managementmodelle, die optimistischen sind Grundannahmen im Human-Relation-Modell und im Human-Ressource-Modell.
Während die traditionellen Modelle den Menschen wie eine Maschine sehen und behandeln, begreift das Human-Relation-Modell den Menschen als soziales Wesen, dessen soziale Bedürfnisse zur Arbeitsleistungssteigerung befriedigt werden müssen. Das mechanistische und instrumentelle Menschenbild bleibt hier weiterhin signifikant.
Erst das Human-Ressource-Modell erkennt im Mitarbeiter den autonomen, sich selbst managenden Arbeits-Partner, welcher nach Excellence strebt.
Die Gründe für das Handeln des Einzelnen sind nun von erheblichem Interesse. Es ist erforderlich, über Motivationsmöglichkeiten nachzudenken.

3.9.2. Motivation von Mitarbeitern

Unter Motivation ist das Bündel von Einzelmotiven zu verstehen, welches in letzter Konsequenz zu einem bestimmten Verhalten führt. Gemeinsam mit den Fähigkeiten des Mitarbeiters und situativen Einflüssen ist es maßgebend für das Arbeitsergebnis. Es können Inhalts- und Prozesstheorien unterschieden werden. Inhaltstheorien fragen: „Was motiviert den Arbeitnehmer?“ Prozesstheorien untersuchen: „Wie verläuft der Motivationsprozess?“ Die heute bekanntesten Inhaltstheorien wurden von Maslow, Alderfer, Herzberg und McGregor entwickelt. Sie gehen davon aus, dass ein nicht völlig zufrieden stellender Ist-Zustand in einen optimaleren Wunsch-Zustand überführt werden soll. Die Stärke des Wunsches, diesen optimierten Zustand zu erreichen, bildet die Motivation, zu handeln. Abraham Maslow[45] geht davon aus, dass der Mensch bestimmte universell gültige Grundbedürfnisse befriedigen möchte, und dies die Grundlage seines Handelns ist.

---

45 Vgl. Maslow, (Motivation und Persönlichkeit, 2002).

Diese Grundbedürfnisse lassen sich anhand einer Pyramide darstellen.

Darst. 14: Bedürfnispyramide nach Maslow

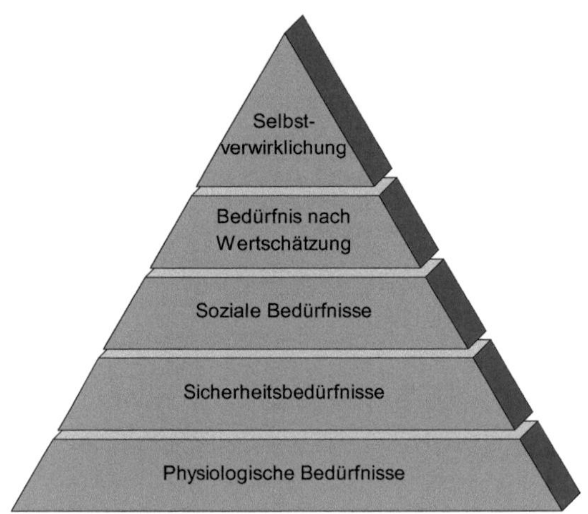

Quelle: Maslow (Motivation und Persönlichkeit, 2002).

Bedürfnisse der nächst höheren Stufe entwickeln zu können und den Wunsch nach deren Befriedigung als Motivationsfaktor erleben zu können, setzt voraus, dass die Bedürfnisse der aktuellen Stufe erfüllt sind. Erst wenn physiologische Bedürfnisse und Sicherheitsbedürfnisse befriedigt sind, treten soziale Bedürfnisse in den Vordergrund. An der Spitze der Bedürfnisse steht die Selbstverwirklichung als Endziel. Die Erfüllung der jeweils höherwertigen Bedürfnisse hat die größte Motivationswirkung. Ist ein Bedürfnis erfüllt, so reduziert sich seine Wirkung als Motivationsfaktor. Diese Theorie sieht den Menschen als nach Selbstverwirklichung strebendes, kreatives Individuum. Es ist zweifelhaft, ob Maslows Pyramide kulturfrei ist; wertfrei ist sie sicherlich nicht. Werte sind allerdings auch innerhalb einer Kultur einem zeitlich determinierten Wandel unterworfen.
Gleichwohl stellt die Bedürfnispyramide ein brauchbares Instrument zur Entwicklung von förderlichen Rahmenbedingungen am Arbeitsplatz dar.

Alderfer[46] reduziert in seiner **ERG**-Theorie auf die drei Motivationsklassen **E**xistence (= Existenzbedürfnisse), **R**elatedness (= Beziehungsbedürfnisse) und **G**rowth (= Wachstumsbedürfnisse).

Wie bei Maslow gilt:

- Unbefriedigte Bedürfnisse treten in den Vordergrund.
- Wenn ein Bedürfnis befriedigt ist, wird das nächst höhere relevant.

Zusätzlich impliziert Alderfer:

- Bleibt ein Bedürfnis unbefriedigt, kann die Erreichung des nächst höheren als Ersatz dienen.
- Bleibt ein Bedürfnis unbefriedigt, kann die Optimierung eines niedrigeren in den Vordergrund treten.

Herzberg[47] entwickelte eine Zweifaktoren-Theorie, welche unterstellt, dass für die Vermeidung von Unzufriedenheit andere Faktoren zuständig sind als zur Erreichung von Zufriedenheit. Die Abwesenheit von Unzufriedenheit beinhaltet nicht automatisch das Vorhandensein von Zufriedenheit. Wenn ein Mitarbeiter nicht unzufrieden ist, wird er den Arbeitsplatz nicht wechseln, ist aber nicht unbedingt motiviert; er mag zwar innerlich gekündigt haben, weil er nicht zufrieden ist, aber er hat auch keinen wirklichen Handlungsbedarf. Nur wenn ein Mitarbeiter Zufriedenheit erreichen kann, ist er motiviert. Herzberg nennt die Faktoren, welche zwischen „unzufrieden" und „nicht unzufrieden" entscheiden „Hygienefaktoren" (dissatisfier), und die welche das Spektrum „zufrieden" bis „nicht zufrieden" bedienen „Motivatoren" (satisfier). Hygienefaktoren sind extrinsisch, so genannte Kontextvariable, das heißt, sie betreffen Rahmenbedingungen der Arbeit, Motivatoren dagegen sind intrinsisch, so genannte Kontentvariablen, sie sind direkter Inhaltsbestandteil der Tätigkeit selbst.

[46] Vgl. Scholz, (Personalmanagement, 2000), S. 881 f.
[47] Vgl. Herzberg, Mausner, Snyderman, (The motivation to work, 1959).

Hier einige Beispiele:

Darst. 15: Hygienefaktoren und Motivatoren nach Herzberg

Hygienefaktoren dissatisfiers (extrinsische Faktoren)	**Motivatoren** satisfiers (intrinsische Faktoren)
• äußere Arbeitsbedingungen • Beziehung zu den Kollegen • Führungsstil • Firmenpolitik • Entlohnung • Arbeitsplatzsicherheit • Status	• die Tätigkeit selbst • Leistung und Bestätigung • Entfaltungsmöglichkeiten • Verantwortung • Aufstiegsmöglichkeiten • Anerkennung

Herzbergs Theorie ist ebenso wie die von Maslow und Alderfer kulturkreis-, schicht- und altersabhängig, bietet aber aufgrund ihrer Unterscheidung in Motivatoren und Hygienefaktoren nach meiner Erfahrung ein gutes Handlungsmodell für Vorgesetzte, von denen etliche noch lernen müssen: „Geld ist eben doch nicht alles und motiviert nicht wirklich!" Herzberg liefert die Rechtfertigung für Job-Enrichment. Motivationsfaktoren sind gleichwohl stark persönlichkeits- und situationsabhängig, die Anreizsysteme müssen also individualisiert werden.

Darst. 16: Wirkung von Hygienefaktoren und Motivatoren

McGregor[48] entwickelte aus einer Untersuchung über Stereotypien von Vorgesetzten bezüglich ihrer Durchschnittsmitarbeiter zwei divergierende Grund-Menschenbilder und benennt sie mit „Theorie X“ und „Theorie Y“. McGregor ist der Ansicht, dass jede Leitungskraft genau die Mitarbeiter bekommt, welche sie sich verdient hat. Als Self-fullfilling-prophecy wirken die Negativ-Einschätzungen durch Vorgesetzte dauerhaft demotivierend. "Leute, die von der Möglichkeit ausgeschlossen sind, bei ihrer Arbeit die Bedürfnisse zu befriedigen, die in ihnen wach sind, verhalten sich genau so, wie wir es wohl voraussagen möchten: in Trägheit, Passivität, Verantwortungsscheu; sie sträuben sich gegen Veränderungen, sind anfällig für Demagogen und stellen geradezu absurde Ansprüche nach ökonomischen Vorteilen. Es sieht so aus, als hätten wir uns im eigenen Netz gefangen."[49]

Darst. 17: XY-Theorie nach McGregor

Theorie X **Negatives Menschenbild**	**Theorie Y** **Positives Menschenbild**
Annahmen • *angeborene Abneigung gegen Arbeit* • *auf Sicherheit bedacht* • *vermeidet Verantwortung und Engagement*	Annahmen • *setzt sich für Ziele ein, freiwillig* • *bereit sich zu engagieren* • *übernimmt Verantwortung*
gelebtes Führungsprinzip • *Anleitung und Kontrolle*	gelebtes Führungsprinzip • *Schaffung solcher Bedingungen, dass die Mitarbeiter ihre eigenen Ziele und Bedürfnisse leben können* • *Persönliche Fähigkeiten entwickeln*

McGregor motiviert über Wertschätzung und Vertrauen.

---

[48] Vgl. McGregor, (DerMensch im Unternehmen, 1973), S. 47-71.
[49] McGregor, (Der Mensch im Unternehmen, 1973), S.56.

McClelland[50] erklärt Motivation unter Nutzung von vier Zentralbedürfnissen:

Darst. 18: Motivationsfaktoren nach McClelland

	Bedürfnis nach Leistung	**Bedürfnis nach Zugehörigkeit**	**Machtstreben**	**Vermeidungs-streben**
Mitarbeiter schätzt	Zielorientiertes Handeln * Befriedigung durch Zielerreichung * Streben nach Effizienz und Innovation	Bestandteil eines Teams * Sicherheit in der Gruppe	Anderen überlegen sein	Vermeidung von: Ablehnung Versagen Misserfolg Machtverlust
Mitarbeiter braucht	*leistungsorientiertes Klima* * *zeitnahes Feedback* * *Verantwortungs-übertragung*	*Gruppendynamische Interaktion* * *Vertrauen* * *Akzeptanz* * *Konfliktarmut*	*machtorientiertes Klima* * *Hierarchieeinbindung Autorität* * *Verantwortungs-übertragung* * *Struktur und Formalisierung*	

Vermeidungsstreben hängt eng mit den drei ersten Bedürfnissen zusammen und zeigt die Furcht vor Nichtbefriedigung dieser Grundbedürfnisse.

Für das Unternehmen ist das Leistungsstreben von besonderem Interesse, ist es doch output- und produktionsorientiert. Streben nach Leistung ist entweder erfolgsmotiviert (Hoffnung auf Erfolg) oder misserfolgsmotiviert (Furcht vor Misserfolg). Führer sollten Mitarbeiter erfolgsmotivieren; ein von Versagensangst und Sanktionsbefürchtungen geprägtes Arbeitsklima ist kontraproduktiv!

---

[50] Vgl. Scholz, (Personalmanagement, 2000), S. 886 ff.

„Abgesehen von den konkreten Definitionen der einzelnen Motive unterscheiden sich die Ansätze ... vor allem in der zugrunde liegenden Hypothese des Auftretens der Bedürfnisse: Nach Maslow werden die Bedürfnisse sukzessive abgearbeitet, nach Herzberg gleichzeitig berücksichtigt und nach Alderfer und McClelland ergibt sich ein ständig wechselndes Zusammenspiel der vier Grundbedürfnisse."[51]

McGregor fordert ein positives Menschenbild beim Vorgesetzten als Basis zur Schaffung eines die Bedürfnisbefriedigung begünstigenden Arbeitsrahmens.

Neue Wege dagegen beschreitet Reinhard H. Sprenger in seinem Buch Mythos Motivation[52].

Sprenger unterscheidet zwischen Motivation und Motivierung. Motivation beschreibt den Zustand des Motivations-Inhabers und erklärt warum er handelt, Motivation ist somit intrinsisch und dem Individuum zu eigen. Motivieren meint nach Sprenger eine manipulative Einflussnahme von außen. Motivierung führt also zu extrinsisch aufoktroyierter Motivation.

Die Idee, Mitarbeiter motivieren zu können, setzt eine angenommene Lücke zwischen der tatsächlich erbrachten und der möglichen / vereinbarten Arbeitsleistung voraus und fußt auf Misstrauen des Vorgesetzten gegenüber seinen Untergebenen.

Es gilt eine Motivationslücke zu schließen.

Darst. 19 Motivationslücke nach Sprenger

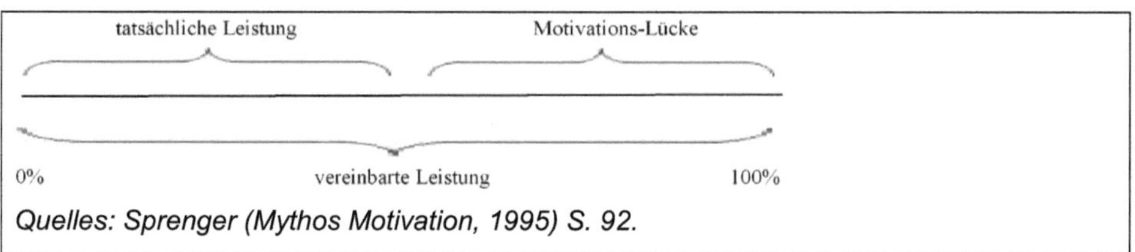

Quelles: Sprenger (Mythos Motivation, 1995) S. 92.

[51] Scholz, (Personalmanagement, 2000), S. 890.
[52] Vgl. Sprenger, (Mythos Motivation, 1995).

Alle Motivierungsstrategien tragen nach Sprenger die Gefahr der Ungerechtigkeit in sich. Sprengers wichtigsten Grundthesen lauten:

- „Alles Motivieren ist Demotivieren."[53]
- „Das System der Motivierung ist methodisiertes Misstrauen."[54]
- „Die Motivation jedes einzelnen ist die natürliche Ordnung der Dinge."[55]
- „Leistungsbereitschaft kann man nur behindern."[56]
- „Führen ist vor allem das Vermeiden von Demotivation."[57]
- „Auf die Dauer hat jeder Chef die Mitarbeiter, die er verdient."[58]

Sein Fazit lässt sich in folgendem Statement fassen:

„Motivation ist unwidersprechlich Sache des einzelnen.
Ihr Freiraum zu geben ist Sache der Führung."[59]

Gleichgültig, ob Mitarbeitermotivierung nun schädlich ist und die Führungskraft nur demotivierende Elemente ausschließen soll, oder ob Motivieren als produktionssteigernd angesehen wird, es ist und bleibt Chefsache.

Die Erkenntnisse der prozessorientierten Motivationstheorien werden der Vollständigkeit halber im Anhang 2 genannt, um den Rahmen der Arbeit nicht zu sprengen

---

53 Sprenger, (Mythos Motivation, 1995), S. 9.
54 Sprenger, (Mythos Motivation, 1995), S. 38.
55 Sprenger, (Mythos Motivation, 1995), S. 149.
56 Sprenger, (Mythos Motivation, 1995), S. 166.
57 Sprenger, (Mythos Motivation, 1995), S. 172.
58 Sprenger, (Mythos Motivation, 1995), S. 188.
59 Sprenger, (Mythos Motivation, 1995), S. 219.

3.9.3. Führungsstile

Entscheidend für den Geführten ist der Führungsstil, den sein Vorgesetzter anwendet. Führungsansprüche lassen sich nach tradierten Vorstellungen wie folgt begründen[60]:

- Patriarchalischer Führungsstil
  Der patriarchalische Führer besitzt die Gesamtkompetenz, er ist seinen Mitarbeitern gegenüber erhöht fürsorgepflichtig. Statt Eigeninitiative werden Dankbarkeit, Loyalität und Treue erwartet, es gibt nur eine Hierarchieebene. Heute ist dieser Stil noch in Familienbetrieben anzutreffen.
- Charismatischer Führungsstil
  Der charismatische Führer zeichnet sich durch eine besondere Ausstrahlung aus. Hierauf begründet er seinen Führungsanspruch. Er ist wie der patriarchalische Führer weder auf eine dezidierte Struktur noch auf andere Führungspersonen angewiesen. Sekten z.B. leben von ihren Charismatikern.
- Autokratischer Führungsstil
  Der Autokrat befiehlt über mehrere Hierarchieebenen hinweg ohne direkten Mitarbeiterkontakt. Nachgeordnete Mitarbeiter setzen seine Befehle gegenüber der Basis durch. Dieses System findet sich z. B. in Armeen.
- Bürokratischer Führungsstil
  Wie der autokratische Stil agiert auch diese Richtung in einem straff gespannten hierarchischen Netz. Allerdings ist der Führer hier selbst durch die Bürokratie bevormundet und nicht mehr autokratisch. Es herrschen die Vorschrift und der „Sachzwang".

---

[60] Vgl. Staehle, (Management, 1999), S. 335 ff.

Tannenbaum und Schmidt[61] ordnen Führungsverhalten in ein Kontinuum ein, welches zwischen den Grenzausprägungen „autoritär" und „partizipativ" beheimatet ist.

Darst. 20: Führungsstilgrundformen im Kontinuum

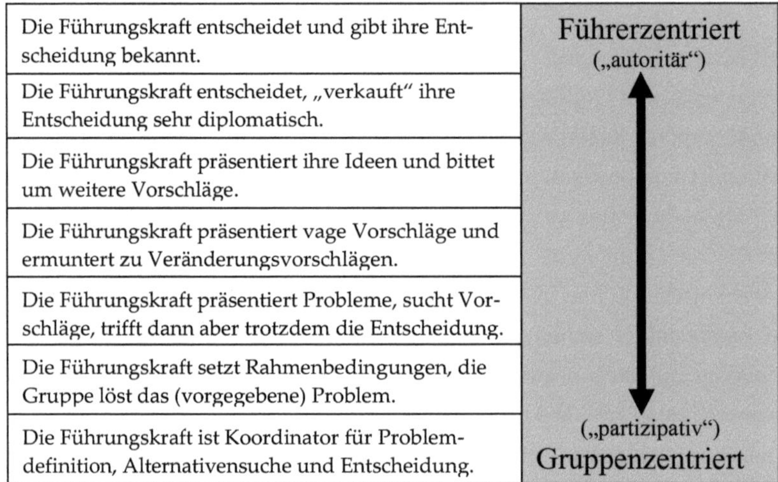

Verhalten	Kontinuum
Die Führungskraft entscheidet und gibt ihre Entscheidung bekannt.	Führerzentriert („autoritär")
Die Führungskraft entscheidet, „verkauft" ihre Entscheidung sehr diplomatisch.	
Die Führungskraft präsentiert ihre Ideen und bittet um weitere Vorschläge.	
Die Führungskraft präsentiert vage Vorschläge und ermuntert zu Veränderungsvorschlägen.	
Die Führungskraft präsentiert Probleme, sucht Vorschläge, trifft dann aber trotzdem die Entscheidung.	
Die Führungskraft setzt Rahmenbedingungen, die Gruppe löst das (vorgegebene) Problem.	
Die Führungskraft ist Koordinator für Problemdefinition, Alternativensuche und Entscheidung.	(„partizipativ") Gruppenzentriert

Quelle: Scholz (Personalmanagement, 2000) S. 923.

[61] Vgl. Tannenbaum, Schmidt, (How to Choose a Leadership Pattern, 1958), S. 96 zitiert nach: Scholz, (Personalmanagement, 2000), S. 923.

Als Grobeinteilung für Führungsstile mag das Ergebnis der Iowa-Studie[62] ausreichen:

- Autoritärer Führungsstil
  Zielvorgabe durch den hierarchischen Führer
  Vorgehen in Einzelschritten, Endziel ist dem Mitarbeiter unbekannt.
- Demokratischer / kooperativer Führungsstil
  Gruppe setzt das Ziel, Führer unterstützt.
- Laissez-fair Führungsstil
  Kein wirklicher Führungsstil, Führer ist reduziert auf die Rolle Material- und - auf Wunsch - Informationslieferant. Gruppe oder auch Einzelne sind in ihren Entscheidungen frei.

Führungsstile sind nicht absolut zu sehen, eine gute Führungskraft passt ihren Führungsstil der jeweiligen Situation an. Ein Führungsstil ist kontextbezogen und personenbezogen.
William J. Reddin[63] sieht Verfahrensstil, Beziehungsstil, Integrationsstil und Aufgabenstil als die vier Grundstile des Führens. Ihre jeweilige Effektivität hängt von der aktuellen Situation, welche durch die Elemente Mitarbeiter, Arbeitskollegen, Vorgesetzter, Organisationsphilosophie (kurz: Organisation) und Arbeitsweise bestimmt wird, ab.
Die effektiv handelnde Führungskraft muss nun in jedem Teilsegment den jeweilig geforderten und bestmöglichen Stil anwenden.
Ein effektiver Führer benötigt also:

- Situationsgespür
- Stilflexibilität
- Befähigung zur Situationsbeeinflussung

---

[62] Vgl. Staehle, (Management,1999), S. 339 f.
[63] Vgl. Reddin, (Das 3-D-Programm zur Leistungssteigerung des Managements, 1977), S. 26.

Darst. 21: Situationselemente

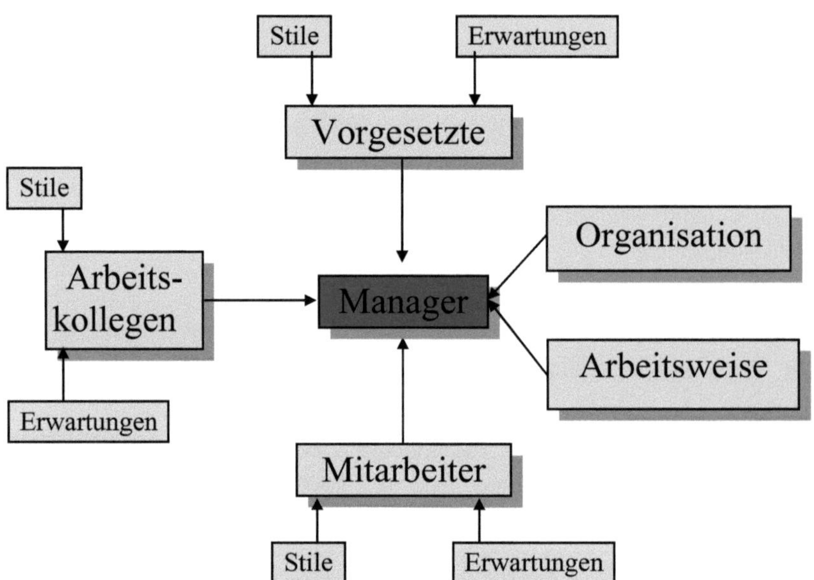

Quelle: Reddin (Das 3-D-Programm zur Leistungssteigerung des Managements, 1977), S.91.

Paul Hersey und Kenneth H. Blanchard[64] nutzen Reddins Erkenntnisse und legen den Schwerpunkt ihrer Theorie auf die Relation des Führers zu seinen Mitarbeitern.

Mitarbeiter haben unterschiedliche Bereitschaftsgrade (readiness level) zur Leistung. Der Reifegrad wird determiniert durch Fähigkeit (ability) und Bereitwilligkeit (willingness). Hersey und Blanchard unterscheiden vier Ausprägungen des Bereitschaftsgrades:

[64] Vgl. Hersey, Blanchard, (Management of organizational behavior, 1988).

Darst. 22: Bereitschaftsgrad und Führungsstil

	R 1	R 2	R 3	R 4
Fähigkeiten	niedrig	niedrig	hoch	hoch
Bereitwilligkeit	niedrig	hoch	niedrig	hoch
geforderter Führungsstil	„telling“ autoritativer Stil	„selling“ Integrationsstil	„participating“ Partizipationsstil	„delegating“ Delegationsstil

Quelle: Hersey, Blanchard (Management of organizational behavior, 1988).

Es ergibt sich der so genannte „Life Cycle of Leadership“[65]

Darst. 23: Life Cycle of Leadership

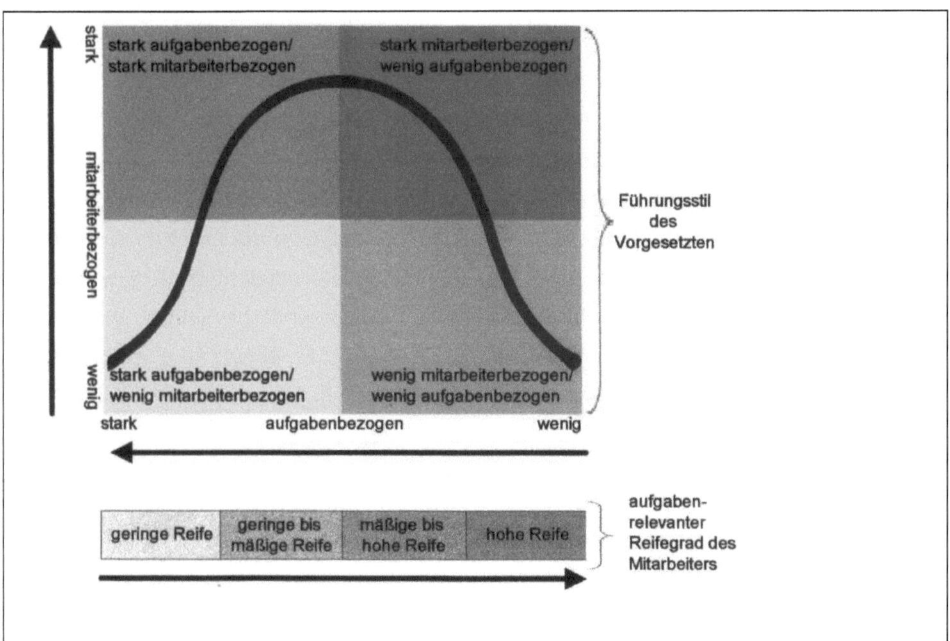

Quelle: Hersey, Blanchard (Management of organizational behavior, 1988).

[65] Hersey, Blanchard, (Management of organizational behavior, 1988), S. 171.

Zusammenfassend lässt sich sagen, dass die meisten Führungsstil-Theorien die folgenden Aussagen teilen.

- Führungskräfte müssen flexibel zwischen den einzelnen Stilen wechseln können.
- Führungskräfte müssen die aktuelle Situation diagnostizieren können.
- Erfahrene Führungskräfte wählen eine Kombination verschiedener Führungsstile.
- Die gewählte Kombination ist individuell.
- Leitbilder können die Wahl des präferierten Stils einschränken.

3.9.4. Führungspersönlichkeit

Neben Handlungskompetenz, Methodenkompetenz und sozialer Kompetenz ist von einer Leitungskraft aber vor allem personale Kompetenz zu fordern.[66]
Fredmund Malik folgend sollte unsere Frage dann allerdings nicht lauten „Was ist eine ideale Führungskraft?“, sondern „Was macht eine *wirksame* Führungs-kraft aus?“[67]
Malik erkennt sechs Grundprinzipien wirksamer Führung:
Der erfolgreiche Führer *ist resultatorientiert*, der Weg ist für ihn nicht das Ziel und der Output bzw. die Zielerreichung hat für ihn höchste Priorität; nicht die Arbeit muss in erster Linie Spaß machen- erfreulich, wenn es trotzdem oft so ist – sondern das Ergebnis muss Freude bereiten. Ein wirksamer Manager sieht sich als Systemteil, er ist sich darüber im Klaren, welchen Beitrag er zum Gesamtergebnis leistet. Er *besitzt eine ganzheitliche Sichtweise* und ist als Führungsspezialist in der Lage, generalistisch zu handeln und Spezialisten ins Firmengeschehen zu integrieren. Er *konzentriert sich auf das Wesentliche* und vermeidet Diversifikation; eine klare Zielvorstellung ist für ihn unabdingbar.

---

[66] Vgl. Lang, (Schlüsselqualifikationen, 2000), S. 203 f.
[67] Malik, (Führen, Leisten, Leben, 2001), S. 18.

Eine erfolgreiche Führungskraft *ist in der Lage Stärken zu identifizieren* und sinnvoll zu nutzen. Dieser Grundsatz gilt sowohl für Stärken der Organisation und der Mitarbeiter als auch für persönliche Stärken des Managers. Ein wirksamer Leiter *baut auf Vertrauen.* Nur gegenseitiges Vertrauen macht Motivation erst möglich; Ehrlichkeit, die Grundvoraussetzung für Vertrauen, ist eine Kardinaltugend für Vorgesetzte. Last but not least ist zu erwarten: Ein Manager mit Personalverantwortung *denkt positiv.* Menschen benötigen Führer mit Visionen, keine paranoid pessimistisch veranlagten „Erbsenzähler". Martin Seligman behauptet, dass Optimismus in den meisten Berufen mit schwierigem Umfeld - und wo ist es schwieriger als in der Personalführung - Erfolgsvoraussetzung ist[68]. Wurden früher nur Primärtugenden und Hardskills gefordert, so soll ein Leader heute emotional intelligent sein und durch Resonanz führen.

Emotionale Intelligenz basiert auf vier Säulen[69]:

- Selbstwahrnehmung
- Selbstmanagement
- Soziales Bewusstsein
- Beziehungsmanagement

Eine wirksame Führungskraft verfügt heute also über eine ausgeprägte Palette von Softskills, sie kann sich selbst führen und ist dadurch erst in der Lage, andere zu führen. Ehrlichkeit sich selbst aber auch seinem Umfeld gegenüber ist für eine Leitungskraft selbstverständlich. Sie bringt ein hohes Verständnis für zwischenmenschliche Beziehungen mit und kann ihre kommunikativen Fähigkeiten virtuos einsetzen. Für sie gilt: *Nicht allen das gleiche, sondern jedem das seine.* Um diesem Leitsatz treu zu bleiben muss sie in der Lage sein, Stimmungen und Bedürfnisse ihres Umfeldes aufzunehmen und adäquat zu reagieren.

[68] Vgl. Seligman, (Pessimisten küßt man nicht, 1991), S. 314 f.
[69] Vgl. Goleman, (Emotionale Führung, 2002), S.61.

4. NLP im Personalmanagement

Es bleibt nun zu klären, in wie weit die im zweiten Kapitel beschriebenen NLP-Techniken der ersten Stufe der NLP-Ausbildung (NLP- Practitioner) hilfreich bei der Bewältigung der im dritten Kapitel dargestellten Inhalte des Personalmanagements sein können. Wie bereits erwähnt, kann NLP nur bei direktem Kontakt in Echtzeit - im direkten Kontakt mit dem Mitarbeiter - seine volle Wirkung entfalten. NLP-relevante Einsatzgebiete im Personalmanagement können also nur die folgenden fünf Felder sein:

1. Personalbeschaffung
2. Personalentwicklung
3. Personalfreisetzung
4. Personaleinsatz
5. Personalführung

Im Folgenden wird die Anwendung von NLP in diesen Bereichen an einigen Praxisbeispielen[70] dargestellt.

Personalarbeit sollte in einer modernen Organisation in Zusammenarbeit - im Optimalfall - im Einvernehmen, mit dem Mitarbeiter erfolgen. Der Weg des Personalmanagements führt heute weg von anonymen Personalabteilungen, welche Menschen nach Papierlage fortbilden und sogar entlassen.

Wirksame Führer haben längst erkannt, dass hier Gestaltungsmöglichkeiten an fach-inkompetente Verwalter abgegeben worden sind, deren Denken oft schablonenartig auf kurzfristige Gewinne des Unternehmens ausgerichtet ist und fordern nun, die Rückdelegation von kontaktintensiven Personalbewirtschaftungsanteilen an die Mitarbeiterführer. Diese kennen die Mitarbeiter am besten und können durch die Nähe zum operativen Geschäft Notwendigkeiten in der Mitarbeiterbewirtschaftung und -führung am ehesten erkennen.

Gerade Personalveränderungen sind in der Regel nicht problemlos umkehrbar und verdienen daher besondere Sorgfalt. Diese beginnt bereits bei der Personalbeschaffung.

---

[70] Um die Persönlichkeitsrechte der Beteiligten zu wahren, habe ich die Beispiele selbstverständlich leicht verfremdet.

4.1. NLP und Personalbeschaffung

Zur optimalen Bewerberauswahl – und diese ist erster Maßstab für die Beurteilung der Qualität eines Personalentscheiders – ist eigentlich ein Assessment-Center nötig. Hier wird der Bewerber von mehreren Beurteilern unter Stress auf seine Fähigkeiten hin überprüft. Die Stresssituation soll es dem Bewerber unmöglich machen, sich zu verstellen. NLP-Arbeiter brauchen kein Assessment zur Bewerberauswahl, alles was ein derartiges Center hergibt, ist in der Dyade „Bewerber-Interviewer" bereits vorhanden.

Ein typisches Bewerbungsverfahren läuft in einem NLP-orientierten Altenheim etwa wie folgt ab:

Der Bewerber hat durch die Qualität seiner papiergebundenen Präsentation die erste Hürde genommen und gehört zu dem Kreis der interessanten Bewerber. Er erhält eine Einladung zum Bewerbergespräch. Nachdem der Bewerber sich in der Verwaltung gemeldet hat, wird er gebeten, in der Eingangshalle einen Moment zu warten. Hier halten sich im Regelfall auch immer einige der kommunikativsten Kunden auf. Nach etwa zehn Minuten holt der Leiter den Bewerber dort ab, begibt sich mit ihm zu dem Besprechungsraum, in dem das Gespräch stattfinden soll, und stellt ihn den Mitentscheidern (Zuständige Leitungskraft, Personalratsvertreter, eventuell Gleichstellungsbeauftragte, eventuell Schwerbehindertenbeauftragter) vor.

NLP Anteile:
Das Bewerbungsverfahren beginnt, sobald der Proband die Einrichtung betritt. Es wird von dem Bewerber erwartet, dass er mit den Kunden in Kontakt tritt, alle in derartigen Einrichtungen arbeitenden Menschen haben direkten Kundenkontakt. Da das Verhalten der Kunden bekannt und ausreichend kalibriert worden ist, kann unschwer erkannt werden, ob der Kommunikationsversuch des Bewerbers Anklang gefunden hat. Gleichzeitig begegnet der Begrüßende dem angehenden Mitarbeiter in einer nicht klar definierten Rolle. Es ist ungewöhnlich, dass der Endentscheider die Bewerber vom Wartepunkt abholt. In diesem Glauben haben Bewerber sich auch schon missbilligend über Wartezeiten und ähnliches geäußert.

Gleichzeitig besteht die Möglichkeit, den Bewerber unter Einsatz verschiedener Repräsentationssysteme zu beurteilen; es kann eventuell vorhandener Geruch nach Alkohol wahrgenommen werden, es kann visuell die Beweglichkeit und Schnelligkeit des Bewerbers beim Weg vom Wartepunkt zum Konferenzraum erfasst werden. Die aufgenommenen Signale werden zunächst nicht bewertet[71], sondern bilden, wenn sie aus dem üblichen Rahmen fallen, eine Diskussionsgrundlage für das Bewerbungsgespräch.

Der Bewerber wird nun durch Smalltalk aufgelockert. Im Anschluss wird er gebeten, seinen Lebenslauf darzustellen. Er wird nach Stärken und Schwächen gefragt, nach seinem größten Misserfolg, seinem größten Erfolg. Es wird mit ihm eine Zeitreise gemacht und er wird gefragt, was er in fünf Jahren machen wird, welche Menschen bei ihm sind etc.. Kernpunkt jedes geführten Bewerbungsgespräches ist ein Rollenspiel zur Kundenorientierung. Ein Hauptproblem von Altenhilfeeinrichtungen ist, dass Mitarbeiter oft ein defizitäres Bild von alten Menschen haben, sich selbst nicht in der Rolle des Dienstleisters sehen und den Kunden entmündigen und institutionalisieren.

Der Proband wird gebeten, sich vorzustellen, er sei im Kundenservice, und ein unter erheblichem Diabetes leidender Kunde verlange trotz Aufklärung über die Schädlichkeit ein Stück Schwarzwälder-Kirsch-Torte. Bekommt der Kunde die Torte oder nicht, ist hier die Frage. Die Fachlichkeit des Bewerbers wird nun von dem späteren Vorgesetzten geprüft, die üblichen Parameter Teamfähigkeit, körperliche Belastungsgrenze, Menschenbild usw. werden diskutiert. Dem Bewerber wird Gelegenheit zu Fragen gegeben, ihm wird der weitere Ablauf des Verfahrens erklärt, er wird verabschiedet. Am Ende der Vorstellungsrunden wird jeder Bewerber durch die firmenseitig teilnehmenden Personen beurteilt; zur Einstellung bedarf es der Einvernehmlichkeit.

---

[71] im Gegensatz dazu die Ansätze der Körpersprache

NLP Anteile:
Einem langjährigen NLP-Anwender ist im Regelfall bereits während der Smalltalkphase gelungen, festzustellen, wann der Bewerber konstruiert, und wann er erinnert. Unwahrheiten und Unsicherheiten sind so relativ leicht zu erkennen. Die Standardfrage lautet: „Haben Sie so etwas Ähnliches schon mal erlebt?" Brüche im Lebenslauf werden hinterfragt bis die Augenzugangshinweise des Bewerbers in den Sektor „erinnernd" wandern. Gleichzeitig wird der angehende Mitarbeite gepacet, um permanenten Rapport herzustellen. An NLP-Einsatz gewöhnte Mitarbeiter dienen als Prozessbeobachter und Auswerter.

Der Einsatz von NLP-Techniken erspart kostenintensive und leitungskraftbindende Assessments und gestattet, verlässliche Aussagen über die Eignung von Bewerbern zu treffen. Gleichzeitig werden im Bewerbungsverfahren Schwächen deutlich, auf die während der Probezeit verstärkt geachtet werden muss, um eventuell durch Lösung des Vertrages Schaden abwenden zu können.

4.2. NLP und Personalentwicklung

„Personalentwicklung ist nur sinnvoll, wenn der zu Entwickelnde mit der Maßnahme übereinstimmt“[72], die zu lernenden Fähigkeiten seinen Neigungen entsprechen und die Anforderungen im Rahmen seiner Möglichkeiten liegen. Hier ist dem Ratschlag des Autors Frank McNair zu folgen: „Schick keine Enten in die Adlerschule.“[73] Wenn man diese Regel vernachlässigt, ist bestenfalls nur die Kursgebühr fehlinvestiert; ein größerer Schaden entsteht oft dadurch, dass der unbefriedigend fortgebildete Mitarbeiter an sich selbst zweifelt und jedwede Motivation verliert.

Ein Leiter, der dem Grundprinzip „management by walking around“ folgt, wird die Fähigkeiten und Schwächen seiner Mitarbeiter nicht nur durch die Aussagen Dritter sondern aus eigener Anschauung kennen. Aber wie will er wissen, welche Karriere- und somit Fortbildungsziele sein Mitarbeiter wirklich hat, wenn diese diesem selbst häufig nicht klar sind? Karriereplanung erfordert, dass der zu fördernde Mitarbeiter eine saubere Zielplanung hat. Ein NLP-Anwender wird dem Mitarbeiter helfen, seine persönlichen Ziele zu eruieren. Zunächst wird er mit dem Mitarbeiter versuchen, ein mögliches Ziel SMART zu beschreiben, er wird den Zielsuchenden bitten, sich die Erreichung seines Zieles sinnlich konkret vorzustellen. Der Mitarbeiter wird dann das Ziel auf seine Risiken und Nebenwirkungen, sprich auf seine unerwünschten Anteile hin überprüfen, und eine Kosten- / Nutzen-Analyse durchführen. An Hardskills orientierte Mitarbeiter haben häufig keine Ziele, die sie verbalisieren können. Ein NLP-anwendender Leiter eines Tiefbauamtes in Westfalen fragt im Mitarbeitergespräch ab: „Was war als Kind Dein Traumberuf? Was ist daraus geworden? Gibt es Anteile, welche Du heute noch leben möchtest? Kannst Du Dir das Verwirklichen dieser Anteile in unserem Amt vorstellen? Was müsste sich dafür ändern, wie müsstest Du Dich ändern? Welche Kurse / Hilfestellungen benötigst Du dazu?“ Obwohl er es selbstverständlich nicht Time-Line-Arbeit nennt, geht er dann gleichwohl in die Zukunft und checkt die Zielökologie. Sein Erfolg liegt darin begründet, dass er die Erfüllung längst vergessener Träume in den Bereich des Möglichen transferiert.

Sauber formulierte und erfasste Mitarbeiterziele können mit Firmenzielen in Übereinklang gebracht werden; der Organisation werden erhebliche Fehlinvestitionen erspart und teure Demotivation von Mitarbeitern wird vermieden.

---

[72] Vgl. Kapitel 3.4.

[73] McNair, (Schick keine Enten in die Adlerschule, 2002) Titel.

4.3. NLP und Personalfreisetzung

Für die Personalfreisetzung gilt wie für alle Personalmaßnahmen, der Vorgesetzte muss seine Mitarbeiter kennen, ihre Wünsche, ihre Ängste, ihre Stärken, ihre Schwächen. Wer will schon unnötig einen Mitarbeiter entlassen, wenn dieser die fehlenden Fähigkeiten erwerben kann? Wer möchte durch unnötiges Taktieren eine notwendige Kündigung verzögern? Wer möchte überhaupt arbeitgeberseitig kündigen, wenn er den Mitarbeiter vielleicht überzeugen kann, dass es besser für ihn ist selbst zu kündigen? Klare Aussagen sind gefordert. Viele Leitungskräfte bringen jedoch nicht den Mut auf, korrekte Kritikgespräche zu führen, weil sie diese als unangenehm für sich selbst erleben, stattdessen werden die zu kritisierenden Mitarbeiter schikaniert und wissen häufig nicht einmal, warum dies geschieht.
Ein Mitarbeiter verdient eine klare, ehrliche Kommunikation. Kommunikation aber birgt viele Fallstricke.

Folgendes Beispiel stammt aus einer mir bekannten sozialen Einrichtung, die leitende Kollegin bürgt für die Authentizität des Geschilderten:
Ein Betriebswirt war aufgrund seiner chaotischen Struktur – er konnte nicht zwischen dringlich und wichtig unterscheiden - bei seinem Chef in „Ungnade gefallen“. Die mit ihm befreundete Leitungskraft hatte die deutlichen Unmutsäußerungen der Geschäftsleitung wohl zur Kenntnis genommen und forderte den Betriebswirt auf, sein Verhalten zu ändern, um Repressalien zu vermeiden. Da dieser glaubte, von seiner Führungskraft sehr geschätzt zu werden, - er konnte nämlich auch zwischen Wunsch und Realität nicht wirklich unterscheiden – eilte er zu seinem Vorgesetzten, um den Wahrheitsgehalt der Aussage seiner Informantin zu prüfen. Er fragte generalisierend: „Sind Sie eigentlich mit mir zufrieden?“ Dies fragte er im Beisein der Leitungskraft. Der höfliche Vorgesetzte wollte den Betriebswirt ungern vor Dritten heftig kritisieren und begann mit einem ebenfalls generalisierenden Weichmacher: „Ich bin eigentlich schon mit Ihnen zufrieden, aber…“

Das „eigentlich" hat der BWL-er überhört, in seiner Erleichterung das „aber" gar nicht mehr gehört. Er hatte selektiv zugehört, sein Vorgesetzter aus Höflichkeit zu vage geantwortet. Der Mitarbeiter fühlte sich geliebt, der Chef glaubte, seine Kritik angebracht zu haben und verstanden worden zu sein. Schade, die Chance des Neubeginns, der neuen Zielfindung wurde nicht genutzt. Der Betriebswirt blieb noch ein Jährchen so wie er war, der Chef ärgerte sich mehr als zuvor, die Situation eskalierte auf Nebenkriegsschauplätzen. Der Betriebswirt kündigte im Zorn, löschte noch einige Daten…! Was für ein Schaden!

Einem NLP-geschulten Vorgesetzten wäre dies nicht passiert, er hätte sofort die Generalisierung erkannt, das Metamodell angewandt und dem Betriebswirt sein problematisches Verhalten aufgezeigt. Er hätte den Leitsatz: „Die Bedeutung der Kommunikation liegt in der Reaktion, die man erhält."[74] beherzigt und erkannt, dass er als Sender die Verantwortung für das Gelingen der Kommunikation hat und hätte deshalb ihr Ergebnis geprüft.

Es kommt vor, dass Führungskräfte trotz Hilfe nicht in der Lage sind, ihre Defizite auszugleichen. Sich von Führungskräften zu trennen, kostet im günstigsten Fall eine hohe Abfindung, im schlimmsten Fall wird im Betrieb eine „Schlammschlacht" geschlagen. NLP vertritt die Grundannahme: „Der positive Wert eines Individuums bleibt konstant, aber die Angemessenheit von Verhalten kann bezweifelt werden."[75] Wenn es gelingt, deutlich zu machen, dass nur das Verhalten, nicht aber der Mitarbeiter als Person kritisiert wird, muss der Mitarbeiter sich auch nicht vehement verteidigen. Zunächst wird versucht, Konsens über die Defizite herzustellen, in einem zweiten Schritt, diese durch Schulung etc. auszugleichen; erst wenn dies nicht gelingt, werden die vorhandenen Fähigkeiten des Mitarbeiters Grundlage für neue Überlegungen. Gegen jedwede defizitausgleichenden Maßnahmen resistente Kollegen entwickeln neue Ideen über ihre berufliche Tätigkeit und verzichten dabei im Regelfall auf ihre Leitungstätigkeit (und das dazugehörende Gehalt). Sie werden im Rahmen eines neuimplementierenden internen Outplacementverfahrens (besser. Replacementverfahren) in neuer Funktion im Betrieb reintegriert. Teure Abfindungen und rufschädigende Prozesse können so vermieden werden. Das geschilderte Vorgehen basiert auf Praxiserfahrung.

---

[74] Trageser, Münchhausen, (Die NLP-Kartei, 2000), Karte I.6.
[75] Trageser, Münchhausen, (Die NLP-Kartei, 2000), Karte I.6.

Es gibt auch kritikresistente Mitarbeiter, welche jedwede Fehler weit von sich weisen. Sie sind realitätsfern, die Selbstwahrnehmung stimmt in keiner Weise mit der Fremdwahrnehmung überein. Solche Mitarbeiter verzichten nicht auf ihre - ihnen nach ihrer Meinung zustehenden Privilegien - und auf ihre Dienstposition schon gar nicht. Nach einer klaren Benennung der Defizite muss hier bei Nicht-Zustimmung das Fremdbild in den Vordergrund gestellt werden und ist gegebenenfalls von den Betroffenen selbst bei den Kollegen abzufragen. Aus der Praxis kann ich sagen, dass Mitarbeiter von sich aus kündigten, nachdem die vom Vorgesetzten unterstellten Defizite von jedem befragten Kollegen bestätigt worden waren. Auch hier sind klare NLP-Strukturen zum Einsatz gekommen. Nur bei dezidierter Kenntnis des Menschen ist sein berufliches Selbstbild bekannt. Um sich diesem zu nähern und es ins Wanken zu bringen, muss der Vorgesetzte während der gesamten Kommunikation über offene Wahrnehmungskanäle in Rapport mit dem Mitarbeiter sein. Diese Methode ist im Gegensatz zum „Bossing", welches nicht nur ein realitätsfernes und schädigendes Selbstbild im Beruf zerstört, sondern dem Gebossten ein generelles Gefühl von Minderwertigkeit vermittelt, auch dem Mitarbeiter nütze. Es ermöglicht ihm, die Persönlichkeitsanteile, welche dem Wahrwerden seines Wunsch-Selbstbildes im Wege stehen, zu überarbeiten.

4.4. NLP und Personaleinsatz

Job-Enlargement und Job-Enrichment sind Personaleinsatzmethoden, die in jedem Fall vom Betroffenen Compliance erfordern. Wie kann jemand motiviert und erfolgreich mehr oder höherwertige Tätigkeiten übernehmen und ausführen, wenn diese nicht mit seinen innersten Zielen in Einklang zu bringen sind?

Fähigkeiten, Neigungen und besonders die Ziele der ihm anvertrauten Menschen zu kennen, ist auch hier für wirksame Personalführung oberstes Gebot.

Rapport schafft das für Zielvereinbarungsgespräche nötige gegenseitige Verstehen, Wertschätzung ist ein Leitgedanke des NLP und Irritationen können durch geschulte NLP-Sinneskanäle frühzeitig erkannt und bearbeitet werden.

NLP-Arbeiter können den Mitarbeitern helfen, sinnvolle Ziele zu entwickeln und zu verwirklichen, NLP-ler in Leitungsfunktion liefern noch das optimal angepasste berufliche Handlungsfeld dazu.

Beispielsweise werden Stellenbeschreibungen auf die besonderen Fähigkeiten aber auch Neigungen erfolgreicher Mitarbeiter exakt angepasst. Im High-Potential-Bereich werden keine Mitarbeiter für zu besetzende Stellen gesucht, sondern maßgeschneiderte Stellen für Spitzenleister kreiert.
Zur Evaluierung der Hauptinteressen[76] von Mitarbeitern können NLP-Techniken eingesetzt werden. Zum Beispiel kann mit Führungskräften deren Time-Line elizitiert und nach verborgenen Ressourcen gesucht werden. Der Personaleinsatz zur Erreichung zukünftige Ziele lässt sich so problemlos optimieren.

4.5. NLP und Personalführung

Brillieren kann NLP in der Personalführung. Es findet direkte face-to-face Kommunikation statt.

4.5.1. NLP und Managementmodelle

Managementmodelle sind stark vom Menschenbild der Leitungskraft abhängig. NLP fußt auf einem positiven Menschenbild. Dies wird in den NLP-Grundannahmen deutlich. NLP ist entwicklungs- und ressourcenorientiert. Es wird davon ausgegangen, dass jede Person an sich einen Wert darstellt. Jeder Mensch und somit auch seine Art der Kommunikation ist einzigartig. Jeder ist prinzipiell in der Lage sein Leben zu meistern, er trägt alle dazu benötigten Ressourcen in sich selbst. Nicht der Mensch selbst sondern maximal sein unerwünschtes Verhalten ist zu kritisieren. Ziel von NLP ist es nun, den eventuell verlorenen Zugang des Mitarbeiters zu seinen Ressourcen neu herzustellen und ihm neue Verhaltenweisen zu ermöglichen. Jeder Mensch strebt laut der NLP-Theorie zum Positiven (zumindest für sich selbst) hin. Jeder Mensch ist in der Lage, sich selbst zu managen, er benötigt nur bisweilen einen „Entwicklungshelfer“.

---

[76] Vgl. Butler, Waldroop, (Wie Unternehmen ihre besten Leute an sich binden, 2000).

Dieses Bild vom autonomen, lern- und entwicklungsfähigen Mitarbeiter kommt dem heute im modernen Personalmanagement vom „Human Ressource Modell" geforderten Menschenbild sehr nahe. Somit kann NLP durchaus als Grundlage für ein im Personalmanagement wirksames Managementmodell dienen.

Ich möchte die im Kapitel 3.9.1. abgebildete Darstellung 13 ergänzen:

Darst. 24: Menschenbilder, erweiterte Darstellung

Pessimistisch geprägte Menschenbilder	
Der Mensch ist undankbar und heuchlerisch.	*Machiavelli*
Der Mensch ist prestige- und machtsüchtig.	*Hobbes*
Der Mensch ist selbstsüchtig.	*Smith*
Der Mensch überlebt nur, wenn er tüchtig ist.	*Darwin / Spencer*
Der Mensch ist primitiv und triebgesteuert.	*Freud*
Der Mensch ist wie ein Teil einer Maschine.	*Taylor*
Optimistisch geprägte Menschenbilder	
Der Mensch ist vernünftig.	*Locke*
Der Mensch wird von der Gesellschaft geprägt.	*Fromm*
Der Mensch ist ein soziales Wesen und Gruppenmitglied.	*Mayr*
Der Mensch hat auch hochwertige Motive.	*Maslow, McGregor*
NLP geprägte Menschenbilder	
„Menschen sind perfekt."[77]	Braun
„Menschen haben alle Ressourcen in sich, um jede gewünschte Veränderung an sich vorzunehmen."[78]	Trageser
„Der Wert jedes Menschen ist konstant"[79] und somit verhaltensunabhängig.	Grochowiak
„Menschen ändern ihr Verhalten."[80]	Dahms

Quelle: Scholz (Personalmanagement, 2000), S. 119, modifiziert.

[77] Braun, (NLP - Eine Einführung, 1999), S. 15.
[78] Trageser, Münchhausen, (Die NLP-Kartei, 2000), Karte I.6.
[79] Grochowiak, Haag (Erfolgreich im Beruf mit NLP, 1997), S. 16.
[80] Dahms, (Dahms-Trainingsbuch, 1999), S. 9.

4.5.2. NLP und Motivation von Mitarbeitern

NLP erwartet von wirksamen Führern, dass diese mit Werten und intrinsischer Motivation arbeiten.[81] Extrinsische Motivationen wie Belohnung durch Geld oder angenehme äußere Arbeitsbedingungen haben die unangenehme Nebenerscheinung, dass sie häufig eskalieren und zu unangemessen Forderungen führen. Belohnungen werden selbstverständlich, ihr Erhalt motiviert nicht mehr, ihr Ausbleiben demotiviert. O´Connor erzählt folgende Anekdote über demotivierende Belohnung:

„Kennen Sie die Geschichte von dem exzentrischen Erfinder, der in einem baufälligen Haus am Rande eines Dorfes lebte? An Wochenenden versammelte sich oft ein halbes Dutzend Kinder aus dem Dorf an seinem Tor und verspotteten und verlachten ihn. ... Eines Morgens ging der Mann hinaus und begrüßte sie: ´´Ihr schreit nicht laut genug, ihr ruft ständig die gleichen Wörter. Ich langweile mich allmählich. Ihr bekommt morgen jeder eine Mark, wenn ihr wiederkommt und euch die übelsten Beleidigungen ausdenkt und möglichst laut schreit.“

Natürlich waren die Kinder begeistert. Sie kamen am nächsten Tag und riefen laut einige besondere Beleidigungen, die sie sich von ihren älteren Geschwistern hatten sagen lassen. “Nicht schlecht“, meinte der Mann, “aber die sind noch recht zahm. Ich bin von euch enttäuscht. Kommt übermorgen wieder, und wenn ihr noch besser seid, gebe ich jedem 50 Pfennige.“ Die Kinder kamen, schrien [sic!] lange und laut, und der Mann gab ihnen ihre Belohnung. “Das war gut!“ sagte er. “Kommt am Samstag wieder, aber ich kann euch nicht mehr als 10 Pfennige geben.“ “Nur 10 Pfennige“, spotteten die Kinder, “auf keinen Fall!“ Und damit blieben sie weg. Und kamen nie wieder – es lohnte sich nicht.“[82]

Solange die Motivation intrinsisch war, die Belohnung der Arbeit „Beschimpfen“ lag in sich selbst, sie machte Spaß, waren die Kinder hoch motiviert. Sobald versucht wurde, eine vermutete Sprengersche[83] Motivationslücke durch Sonder-Belohnung zu schließen, wurde der Grundstein zur Demotivation gelegt. Bei anschließender Reduzierung der extrinsischen Motivation genügte die vorher ausreichende intrinsische Motivation nicht mehr, um eine gewünschte Handlung hervorzurufen.

---

[81] Vgl. O´Connor, (Führen - mit NLP, 1999), S. 99 ff.
[82] O´Connor, (Führen-mit NLP, 1999), S. 101 f.
[83] siehe Kapitel 3.9.2.

Boni-Systeme, in denen einzelne belohnt werden und die meisten leer ausgehen, gefährden zudem den Zusammenhalt der Teams, ohne deren reibungsloses Funktionieren heute keine Organisation mehr handlungsfähig bleibt.
Für hohe Gehälter gilt:
„Die kreativsten Menschen bekommen das höchste Gehalt, man bezahlt sie für ihr Talent und ihre Arbeitsergebnisse und nicht, um sie zu motivieren."[84]
Die NLP-Lehrmeinung lehnt sich sowohl an die Ergebnisse von Herzog als auch an die von Sprenger an: Demotivation ist zu vermeiden, Motivation ist intrinsisch. Um die intrinsischen Motivatoren zu finden, die bei jedem unterschiedlich sein können und von seinem internen Wertesystem abhängen, ist es erforderlich, über exzellente Kommunikation und Rapport in die Welt des Mitarbeiters einzutauchen und ihn und seine Beweggründe zu verstehen.
Fragen können hier lauten:
„Was brauchen Sie um gerne zu arbeiten?"
Um exakt das gleiche wie der Mitarbeiter zu verstehen, ist eine Nachfrage nötig.
„Woran merken Sie, dass Sie das Benötigte auch bekommen haben?"
Ein Beispiel für ein Missverständnis:
Der Mitarbeiter sagt:
„Ich bekomme keine Anerkennung."
Der Vorgesetze. „Aber ich habe Sie doch gestern noch gelobt!"
Mitarbeiter: „Aber unter vier Augen, niemand von den Kollegen war dabei, niemand weiß es!"
Für den Vorgesetzten ist Anerkennung ein Lob vom Chef, die Rahmenbedingungen sind eher irrelevant, für den Mitarbeiter ist Anerkennung nur durch öffentliches Lob beweisbar und auch erst dann wertvoll.

Mit dem Mitarbeiter werden dessen Ziele eruiert, es wird versucht, diese mit den Unternehmenszielen in Einklang zu bringen. Management by Objectives ist für NLP-orientierte Führungskräfte Standard, sind sie doch gewohnt Zielfindung SMART zu betreiben. Sie können ebenso ihren Mitarbeitern helfen, Ziele SMART zu formulieren und

---

[84] McDermott, O´Connor, (NLP für die Mangement-Praxis, 1999), S. 162.

diese dann auf Nebenwirkungen zu untersuchen. Zur Mitarbeitermotivation bzw. zur Vermeidung von Demotivation und Missverständnissen sind NLP-Fähigkeiten und deren konsequente Anwendung von hohem Nutzen.

4.5.3. NLP und Führungsstile

NLP verlangt von Führungskräften hohe Flexibilität und Situationsangemessenheit. Der Führungsstil ist nicht festgeschrieben nach dem Motto „Jedem das Gleiche“, sondern fußt auf dem Leitsatz „Jedem das Seine“. Eine NLP-orientierte Führungskraft wird ihren Stil, wie bereits von Reddin[85] gefordert, mit Situationsgespür (Pacing), Stilflexibilität und Befähigung zur Situationsbeeinflussung (Leading) dem jeweiligen Mitarbeiter und der jeweiligen Situation anpassen.

Beispiel:

Während die meisten Mitarbeiter es schätzen, über Zielsetzung geführt zu werden und zur optimalen Aufgabenerfüllung auch weitreichende Entscheidungen selbst treffen zu können, müssen Mitarbeiter aus anderen Kulturen, welche noch nicht lange in Deutschland arbeiten, häufig zunächst stark dirigierend geführt werden. Ein delegierender Führungsstil löst bei ihnen Versagensängste aus und erweckt den Eindruck, dass die Führungskraft ihrer Aufgabe nicht gewachsen ist.

Wie Blanchard und Hersey[86] sehen NLP-Führer den Schwerpunkt ihrer Tätigkeit in der geschickten Beeinflussung der Beziehung zwischen Vorgesetztem und Mitarbeiter. Grundlage zur Wahl des Führungsstils ist zum einen ein positives Menschenbild und zum anderen das virtuose Wechselspiel zwischen Pacing und Leading. Durch exaktes Pacing wird die Situation aus Sicht der Beteiligten erfasst, über den Weg des gegenseitigen Verstehens eine vertrauensvolle Basis geschaffen, von der aus durch Leading der Prozess beeinflusst werden kann.

Der NLP-Grundführungsstil sieht „Coaching“ als permanente Führungsaufgabe[87]. Weiterentwicklung des Mitarbeiters, aber auch das eigene Wachsen, stehen im Fokus des NLP-Führens.

---

[85] Vgl. Reddin, (Das 3-D-Programm zur Leistungssteigerung des Managements, 1977), S. 25 f.

[86] Vgl. Hersey, Blanchard, (Management of organizational behavior, 1988)

[87] Vgl. Maaß, Ritschl, (Coaching mit NLP, 1997), S. 43.

4.5.4. NLP und Führungspersönlichkeit

Lassen Sie uns nun die Forderungen an Führungspersönlichkeiten aus dem dritten Kapitel mit denen von NLP geforderten und geförderten vergleichen.

NLP fordert:

„Eine Führungspersönlichkeit

- erschafft für sich selbst und andere die langfristige Vision einer inspirierenden Zukunft
- akzeptiert die Verantwortung, anderen diese Vision zu vermitteln
- motiviert sich selbst und andere durch Vorbild und Teilhabe an dieser Vision
- pacet und anerkennt, was für sie selbst und andere wichtig ist
- kann sich selbst führen
- entwickelt die Führungsqualitäten anderer
- schafft einen Ausgleich zwischen den eigenen Bedürfnissen, den Bedürfnissen anderer als Individuen und als Gruppe sowie den Anforderungen der Aufgabe
- führt eher durch Vorbild als durch Wissen und Position“[88]

Eine auch nach NLP-Maßstäben optimale Führungskraft *erkennt* und *managt sich* also *selbst*, hat ein *soziales Bewusstsein* und *managt Beziehungen*. Damit erfüllt sie die Forderungen nach emotionaler Führung von Goleman[89], welche Selbstwahrnehmung, Selbstmanagement, soziales Bewusstsein und Beziehungsmanagement implizieren.

[88] McDermott, O´Connor, (NLP für die Mangement-Praxis, 1999), S. 178.
[89] Vgl. Goleman, (Emotionale Führung, 2002), S. 61.
Vgl. Kapitel 3.9.4. dieser Arbeit.

Auch Maliks Forderungen[90] finden ihre Entsprechungen im NLP:

Darst. 25: NLP-Entsprechungen zu Maliks Forderungen

Malik	NLP
Wirksamkeit	Zielfokussierung
Konzentration auf das Wesentliche	Zielorientierung
Vertrauen	Pacen und Anerkennung
Positives Denken	Schaffung inspirierender Ziele
Ganzheitliche Sichtweise	Bedürfnisausgleich
Identifiziert Stärken	Mitarbeiterentwicklung

NLP ist veränderungsorientiert und bietet der NLP-anwendenden Führungskraft den Rahmen für flexibles und situationsadäquates Handeln. Wenn ein Vorgesetzter mit NLP die Grundfähigkeiten, die NLP von ihm fordert, erlernt hat, erfüllt er also die Anforderungen, welche ein zeitgemäßes Personalmanagement an Führungskräfte stellt.

4.6. NLP im täglichen Einsatz

Neben seinen Fähigkeiten in den Kerngebieten des Personalmanagements bieten NLP-Techniken auch im „Tagesgeschäft" erheblichen Nutzen. Mitarbeiter leiden oft unter einem Bündel von inneren Blockaden, welche sie hindern, die zu sein, die sie sein könnten. Bei einer auf Vertrauen basierenden Beziehung werden sie ihrem Vorgesetzten davon berichten. Auf der Time-Line lässt sich negativen Glaubenssätze (= Beliefs) wirkungsvoll begegnen.

Der typischste in der Kindheit erworbene negative Glaubenssatz lautet: „Aus Dir wird nie was!" Häufig werden die Submodalitäten der Situation, die den Glaubenssatz verankert hat, nun durch NLP-Handeln verändert und der Glaubenssatz seiner Wirkung beraubt.

[90] Vgl. Kapitel 3.9.4.

Beispiel für eine Intervention durch einen NLP-Anwender:
„Kannst Du hören, wie jemand diesen Satz zu Dir sagt? Stell´ Dir bitte die Situation genau vor.“ Das Geschehen wird in VAKOG erinnert. Nun werden Submodalitäten geändert: „Kannst Du die sprechende Person größer machen? Ist sie nun noch bedrohlicher? Was man größer machen kann, kann man auch wieder kleiner machen. Mach´ die Person wieder so groß wie vorher, mache sie nun noch etwas kleiner, noch kleiner, sie ist nun so groß wie eine Barbie-Puppe. Kannst Du die Puppe noch hören? Stülp´ ihr eine Käseglocke über! Hörst Du sie noch? Aber Du siehst sie noch! Ziehe ihr die Kleidung aus! Siehst Du, wie sie ohnmächtig vor Wut an die Wand der Käseglocke trommelt?“
Das Bild des machtlosen Glaubenssatzerzeugers wird nun geankert. Ähnlich wird bei gegenwärtigen Angstgegnern im Team verfahren. Vor der Bewältigung schwieriger / angstbesetzter Arbeitsabläufe erinnert der NLP-Handelnde den Mitarbeiter an eine Situation, in der er etwas Ähnliches wie das nun geforderte bereits erfolgreich bewältigt hat. Er lässt ihn diese ressourcenstarke Situation neu erleben (in VAKOG) und ankert sie.
NLP-Handeln verhilft zu präziser Wahrnehmung durch offene Sinneskanäle, unterstützt durch das Erkennen von Feedback jedwede Kommunikation. Es schafft durch generelle Wertschätzung des Gegenübers in Verbindung mit Pacing ein Klima des Vertrauens, welches Basisvoraussetzung für effektives und lebenslanges Lernen in Organisationen ist.

5. NLP als Schlüsselqualifikation

Bisher habe ich dargestellt, welchen Nutzen NLP bei der Bearbeitung der einzelnen neun Felder des Personalmanagements hat. In den Bereichen Personalbestandsanalyse, Personalbedarfsbestimmung, Personalkostenmanagement und Personalinformationsmanagement ist der Einsatz von NLP wenig sinnvoll, da diese Bereiche keine oder nur geringe Echtzeitkommunikation mit dem zu Führenden erfordern. Seinen Wert aber beweist NLP in den Gebieten Personalbeschaffung, Personalentwicklung, Personalfreisetzung, Personaleinsatz und ganz besonders im Bereich der Personalführung. Aber ist NLP deswegen schon eine Schlüsselqualifikation im Personalmanagement? Ich bemühe die im Kapitel 1.3.1 dieser Arbeit gewählte Operationalisierung des Begriffs „Schlüsselqualifikation“:

"Schlüsselqualifikationen sind erwerbbare allgemeine Fähigkeiten, Einstellungen und Strategien, die bei der Lösung von Problemen und beim Erwerb neuer Kompetenzen in möglichst vielen Inhaltsbereichen von Nutzen sind. Zu ihnen gehören Erkenntnisinteresse und eigenständiges Lernen, die Reflexion und Optimierung der eigenen Lernprozesse und damit die Fähigkeit dazuzulernen, das Zutrauen in die eigene Selbstwirksamkeit als Grundeinstellung, Flexibilität, Fähigkeit zur Kommunikation und zur Teamarbeit, kreatives Denken. ....“[91]

NLP ist erlernbar. Es beinhaltet sowohl Fähigkeiten, als auch Einstellungen und Strategien, die in fünf von neun Feldern des Personalmanagements zur Problemlösung beitragen. NLP ist eine Technik, welche sich ständig weiterentwickelt und durch Modellieren auch dem einzelnen Nutzer erlaubt, neue Kompetenzen wie Strategien und Fähigkeiten unabhängig von der NLP-Lehrmeinung zu entwickeln. NLP verlangt von seinen Anwendern Selbstmanagement durch Reflexion und permanente eigene Optimierung. Die Ressource Selbstvertrauen wird durch erfolgreiches NLP-Handeln ständig gestärkt. Kreativität, Flexibilität, Kommunikationsfähigkeit und Arbeit im Dialog sind Grundelemente des NLP.

---

[91] Bildungskommission NRW (Hrsg.), (Zukunft der Bildung - Schule der Zukunft, 1974), S. 113.

Die Grundvoraussetzungen für die Verleihung des Status „Schlüsselqualifikation" sind also gegeben. Da der Einsatz von NLP-Techniken aber nicht in allen neun sondern nur in fünf Feldern des Personalmanagements sinnvoll ist, lautet mein Fazit dieser Arbeit:
NLP ist eine Schlüsselqualifikation in den kommunikationsnahen Teilen des Personalmanagements!

6. Schlussbetrachtungen

NLP ist zwar ein mächtiges Werkzeug, kann aber erfolgreich nur in kommunikationsnahen Bereichen eingesetzt werden. Wie im vierten Kapitel dieser Arbeit aufgezeigt, optimiert NLP die Softskills seiner Anwender und ermöglicht neben einem optimierten Selbstmanagement das situationsgerechte Führen von Mitarbeitern. Zwei mögliche Erwartungen erfüllt Neuro-Linguistisches Programmieren mit absoluter Gewissheit nicht: Weder ist es eine neue Heilslehre für Sektierer - es stützt sich einzig und allein auf ein humanistisches Weltbild - noch erfüllt es die Anforderungen, welche an eine Wissenschaft oder auch nur an eine wissenschaftliche Methode zu stellen sind.
NLP ist wie bereits im zweiten Kapitel dargestellt undefiniert, nicht weltweit anerkannt und nur in den USA als Begriff geschützt. In Zeiten, in denen sich neue erfolgsversprechende Selbstmanagementmethoden gut verkaufen und manipulatives Einwirken auf den Mitmenschen nicht mehr generell als unethisch angesehen wird, boomen die von Scharlatanen angepriesenen neuen Psychotechniken; da der Begriff NLP recht bekannt ist, versteckt sich einiges unter diesem Tarnmantel, was keinerlei Bezug zum Ursprungs-NLP mehr besitzt. NLP versteht sich als Sammelbecken modellierter Techniken, seine Undifferenziertheit ist gewollt und macht seinen eigentlichen Charme aus, zwingt den verantwortungsbewussten Anwender jedoch auch, alles kritisch zu hinterfragen, Risiken und Nebenwirkungen zu berücksichtigen und eine permanente ethische Kosten- / Nutzen-analyse durchzuführen. NLP ist – falsch angewandt – eine hoch manipulative und somit gefährliche Technik. Seine Techniken werden häufig un- fachmännisch vermittelt und seinen Anwendern fehlt oft neben einer wirklichen Ethik auch eine Schulung, welche ihnen helfen könnte NLP-Einsatzmöglichkeiten gegen therapeutisch notwendiges Handeln abzugrenzen. „Für den Außenstehenden präsentiert sich NLP als ein Sammelsurium von

theoretischen Annahmen und Techniken“[92], andererseits aber funktioniert es - und wer heilt [funktioniert] hat Recht. NLP verlangt positives Denken, Nutzen von Ressourcen, Zukunftsorientierung und ein positives Menschenbild. Ein NLP-Handelnder und ganz besonders, wenn er auch Vorgesetzter ist, versteht sich immer als Coach seiner Mitarbeiter.[93] Menschen sind die wertvollste Ressource eines jeden Unternehmens, NLP hilft – richtig angewandt - diese pfleglich zu behandeln und weiter zu entwickeln. Damit Führungskräfte auch in der sich heute ständig wandelnden Berufswelt wirksam handeln können und gleichzeitig dem Mitarbeiter wertschätzend und fördernd entgegentreten zu können, bedürfen sie einer permanenten Fortbildung, welche neben reinen Techniken beruflichen Handelns auch ein wertschätzendes Menschenbild vermittelt. NLP erfüllt diese Anforderungen. Es kann daher sinnvoll sein, Führungskräfte auch in NLP ausbilden zu lassen.

Hilfreich ist es meines Erachtens auch im NLP-gestützten Umgang mit Menschen, dem Beispiel der Natalie in Goethes „Wilhelm Meisters Lehrjahre“ zu folgen:

„Wenn wir, ..., die Menschen nur nehmen wie sie sind, so machen wir sie schlechter; wenn wir sie behandeln, als wären sie, was sie sein sollten, so bringen wir sie dahin, wohin sie zu bringen sind.“ [94]

---

[92] Bördlein, (Gefärbtes Wasser in neuen Schläuchen, 2002), S. 102.
[93] Vgl. Maaß, Ritschl, (Coaching mit NLP,1997), S. 43.
[94] Goethe, (Wilhelm Meisters Lehrjahre, 1962), VIII. Buch, 4. Kapitel, S. 570 f.

Darstellungsverzeichnis

Literaturverzeichnis

Bandler, (Veränderung des subjektiven Erlebens, 1995)

BANDLER, Richard: *Veränderung des subjektiven Erlebens: Fortgeschrittene Methoden des NLP, 5. Auflage,* Paderborn (Junfermann) 1995.

Bandler, Grinder, (Reframing, 1992)

BANDLER, Richard; GRINDER, John: *Reframing: Ein ökologischer Ansatz in der Psychotherapie (NLP), 5. Auflage,* Paderborn (Junfermann) 1992.

Bildungskommission NRW (Hrsg.), (Zukunft der Bildung – Schule der Zukunft, 1995)

BILDUNGSKOMMISSION NRW (Hrsg.): *Zukunft der Bildung - Schule der Zukunft: Denkschrift der Kommission "Zukunft der Bildung - Schule der Zukunft" beim Ministerpräsidenten des Landes Nordrhein-Westfalen,* Neuwied, Kriftel, Berlin (Luchterhand) 1995.

Bördlein, Gefärbtes Wasser in neuen Schläuchen, 2002)

BÖRDLEIN, Christoph: *Gefärbtes Wasser in neuen Schläuchen: Das "Neurolinguistische Programmieren" (NLP),* In: *Skeptiker*, 15. Jg. (2002), H. 3, S.99-104.

Braun, (NLP – Eine Einführung, 1999)

BRAUN, Roman: *NLP - Eine Einführung: Kommunikation als Führungsinstrument,* Wien, Frankfurt (Ueberreuter) 1999

Bunte, (Kompendium zur vorsokratischen Philosophie, 2002)

BUNTE, Martin: *Kompendium zur vorsokratischen Philosophie: Ideengeschichtlicher Abriss der vorsokratischen Philosophie,* Aachen (Shaker) 2002.

Butler, Waldroop (Wie Unternehmen ihre besten Leute an sich binden, 2000)

BUTLER, Timothy; WALDROOP, James: *Wie Unternehmen ihre besten Leute an sich binden:* In: *Harvard Business Manager*, 2000. Jg. (2000), H. 2, S. 70-78.

Epiktet, (Handbüchlein der Moral, 1992)

EPIKTET: *Handbüchlein der Moral:* Stuttgart (Reclam) 1992.

Dahms, (Dahms-Trainingsbuch, 1999)

DAHMS, Matthias; DAHMS, Christian: *Dahms-Trainingsbuch: Bd. 6, NLP in der Kommunikation,* Wermelskirchen (Dahms Privatinstitut) 1999.

Fisher, Ury, Patton, (Das Harvard-Konzept, 2002)

FISHER, Roger; URY, William; PATTON, Bruce: *Das Harvard-Konzept: Sachgerecht verhandeln - erfolgreich verhandeln, 21. Auflage,* Frankfurt a. M., New York (Campus) 2002.

Goethe, (Wilhelm Meisters Lehrjahre, 1962)

GOETHE, Johann W.: *Wilhelm Meisters Lehrjahre: 2. Auflage, 1962* Zürich, Stuttgart (Artemis) 1962.

Goleman, (Emotionale Führung, 2002)

GOLEMAN, Daniel; BOYATZIS, Richard; MCKEE, Annie: *Emotionale Führung: 2. Auflage 2002,* München (Econ) 2002.

Grochowiak, (Das NLP-Practitioner Handbuch, 1996)

GROCHOWIAK, Klaus: *Das NLP Practitioner Handbuch: Lernen Sie Skills und Fähigkeiten für die NLP-Practitioner auf höchstem Niveau, 2. Auflage,* Paderborn (Junfermann) 1996.

Grochowiak, Haag, (Erfolgreich im Beruf mit NLP, 1997)

GROCHOWIAK, Klaus; HAAG, Susanne: *Erfolgreich im Beruf mit NLP:* Niedernhausen (Falken) 1997.

Hersey, Blanchard, (Management of organizational behaviour, 1988)

HERSEY, Paul; BLANCHARD, Kenneth H.: *Management of organizational behavior: utilising human resources,* Englewood Cliffs, New Jersey (Prentice Hall) 1988.

Herzberg, Mausner, Snyderman, (The motivation to work, 1959)

HERZBERG, Frederick; MAUSNER, Bernard; SNYDERMAN, Barbara B: *The motivation to work, 2. ed,* New York (Wiley) 1959.

Hesse, Schrader, (Die 100 wichtigsten Fragen zum Assessment-Center, 1999)

HESSE, Jürgen; SCHRADER, Hans Christian: *Die 100 wichtigsten Fragen zum Assessment Center: Für eine optimale Vorbereitung in kürzester Zeit,* Frankfurt am Main (Eichborn) 1999.

Jeserich, (Mitarbeiter auswählen und fördern, 1981)

JESERICH, Wolfgang: *Mitarbeiter auswählen und fördern: Assessment-Center-Verfahren,* München, Wien (Hanser) 1981.

Krusche, (Der Frosch auf der Butter, 1998)

KRUSCHE, Helmut: *Der Frosch auf der Butter: NLP - Die Grundlagen des neurolinguistischen Programmierens,* Düsseldorf (Econ Taschenbuch) 1998.

Lang, (Schlüsselqualifikationen, 2000)

LANG, Rudolf W.: *Schlüsselqualifikationen: Handlungs- und Methodenkompetenz, Personale und soziale Kompetenz,* München (DTV) 2000.

Lundin, Paul, Christensen, (fish!, 2001)

LUNDIN, STEPHEN C., PAUL, HARRY, CHRISTENSEN, JOHN: *Fish!: Ein ungewöhnliches Motivationsbuch,* München (Ueberreuter) 2001.

Maaß, Ritschl, (Coaching mit NLP, 1997)

MAAß, Evelyne; RITSCHL, Karsten: *Coaching mit NLP: Erfolgreich coachen in Beruf und Alltag,* Paderborn (Junfermann) 1997.

Malik, (Führen, Leisten, Leben, 2001)

MALIK, Fredmund: *Führen, Leisten, Leben: Wirksames Management für eine neue Zeit, 5. Auflage,* Stuttgart, München (Wilhelm Heyne Verlag) 2001.

Maslow, (Motivation und Persönlichkeit, 2002)

MASLOW, Abraham H.: *Motivation und Persönlichkeit: 9. Auflage,* Reinbek bei Hamburg (Rowohlt) 2002.

McDermott, O´Connor, (NLP für die Management-Praxis, 1999)

MC DERMOTT, Ian; O´CONNOR, Joseph: *NLP für die Management-Praxis:* Finden *Sie heraus, was anderen wichtig ist und Sie besitzen den Schlüssel zum Erfolg,* Paderborn (Junfermann) 1999.

McGregor, (Der Mensch im Unternehmen, 1973)

MCGREGOR, Douglas: *Der Mensch im Unternehmen: The human side of enterprise, 3. Auflage,* Düsseldorf, Wien (Econ) 1973.

McNair, (Schick keine Enten in die Adlerschule, 2002)

MCNAIR, Frank: *Schick keine Enten in die Adlerschule: 119 Tipps für smarte Manager,* München (Moderne Industrie) 2002.

Mertens, (Schlüsselqualifikationen, 1974)

MERTENS, Dieter: *Schlüsselqualifikationen: Thesen zur Schulung für eine moderne Gesellschaft,* In: *Mitteilungen aus der Arbeitsmarkt- und Berufsforschung,* Jg. 1974, H. 7, S. 36-43.

Mohl, (Zauberlehrling, 2000)

MOHL, Alexa: *Der Zauberlehrling: Das NLP Lern- und Übungsbuch, 7. Auflage Januar 2000,* Paderborn (Junfermann) 1993.

O´Connor, (Führen – mit NLP, 1999)

O´CONNOR, Joseph: *Führen - mit NLP: Pfad-Finder im innovativen Unternehmen,* Kirchzarten bei Freiburg (VAK Verlags GmbH) 1999.

Pease, (Der tote Fisch in der Hand, 2003)

PEASE, Allan; PEASE, Barbara: *Der tote Fisch in der Hand: und andere Geheimnisse der Körpersprache,* München (Ullstein) 2003.

Püttjer, Schnierda (Assessment-Center-Training, 2001)

PÜTTJER, Christian; SCHNIERDA, Uwe: *Assessment-Center-Training für Führungskräfte: Die wichtigsten Übungen - die besten Lösungen,* Frankfurt am Main (Campus) 2001.

Ratelband, (Tsjakkaa!, 2000)

RATELBAND, Emile: *Tsjakkaa: Strategien für Ihren persönlichen Erfolg,* Tübingen (Econ) 2000.

Reddin, (Das 3-D-Programm zur Leistungssteigerung des Managements, 1977)

REDDIN, William J.: *Das 3-D-Programm zur Leistungssteigerung des Managements:* München (Verlag Moderne Industrie) 1977.

Scholz, (Personalmanagement, 1989)

SCHOLZ, Christian: *Personalmanagement: Informationsorientierte und verhaltenstheoretische Grundlagen,* München (Vahlen) 1989.

Scholz, (Personalmanagement, 2000)

SCHOLZ, Christian: *Personalmanagement: Informationsorientierte und verhaltenstheoretische Grundlagen; 5. Auflage,* München (Vahlen) 2000.

Seligman, (Pessimisten küßt man nicht, 1991)

SELIGMAN, Martin: *Pessimisten küßt man nicht: Optimismus kann man lernen,* München (Droemer Knaur) 1991.

Siewert, (Arbeitszeugnisse, 2000)

SIEWERT, Horst H.: *Arbeitszeugnisse: Wie man sie formuliert, interpretiert und von ihnen profitiert, 8. Auflage,* Landsberg am Lech (Moderne Industrie) 2000

Sprenger, (Mythos Motivation, 1995)

SPRENGER, Reinhard K.: *Mythos Motivation: Wege aus einer Sackgasse, 9. Auflage,* Frankfurt am Main, New York (Campus) 1995.

Staehle, (Management, 1999)

STAEHLE, Wolfgang H.: *Management: eine verhaltenswissenschaftliche Perspektive, 8. Auflage / überarb. von Peter Conrad Jürgen Sydow,* München (Vahlen) 1999.

Stahl, (Triffst Du ´nen Frosch unterwegs..., 1988)

STAHL, Thies: *Triffst Du ´nen Frosch unterwegs: NLP für die Praxis,* Paderborn (Junfermann) 1988.

Stowasser, (Lateinisch-Deutsches Wörterbuch, 1987)

STOWASSER, Josef M.: *Der kleine Stowasser: Lateinisch-Deutsches Schulwörterbuch, 2., unveränderte Auflage,* München (Freytag-Verlag) 1987.

Tannenbaum, Schmidt, (How to Choose a Leadership Pattern, 1958)

TANNENBAUM, Robert; SCHMIDT, Warren H.: *How to choose a leadership pattern:* In: *Harvard Business Review*, 1958. Jg. (1958), H. 2, S. 95-101.

Trageser, Münchhausen, (Die NLP-Kartei, 2000)

TRAGESER, Waltraut; MÜNCHHAUSEN, Marco von: *Die NLP-Kartei: Practitioner-Set,* Paderborn (Junfermann) 2000.

Watzlawick, Beavin, Jackson, (Menschliche Kommunikation, 2000)

WATZLAWICK, Paul; BEAVIN, Janet H.; JACKSON DON D.: *Menschliche Kommunikation: Formen, Störungen, Paradoxien; 10., unveränderte Auflage* Bern, Göttingen, Toronto, Seattle (Verlag Hans Huber) 2000.

Weizenbaum, (Die Macht der Computer und die Ohnmacht der Vernunft, 1978)

WEIZENBAUM, Joseph: *Die Macht der Computer und die Ohnmacht der Vernunft:* Frankfurt am Main (Suhrkamp) 1978.

Internetquellen

Department of Regulatory Agencies des US Bundesstaates Colorado (Hrsg.), (Data Base Applikation Information, o.J.),
Online im Internet: http://*www.dora.state.co.us/mental-health/nlcapp0102.pdf*
[Stand: 2003-02-05].

DVNLP Kommission für Aus- und Fortbildung (Hrsg.), (Curricula seit 2000, o.J.),
Online im Internet: http://www.dvnlp.de/afk/afk.htm
[Stand: 2012-04-19].

Hallmayer, Regine (Hrsg.), (Job-Enrichment, o.J.),
Online im Internet:
http://www.4managers.de/management/themen/job-enrichment/
[Stand: 2012-04-19].

Universitätsbibliothek Paderborn (Hrsg.), (Bibliotheksprofil: Daten und Fakten zur UB, o.J.),
Online im Internet: *http://www.ub.upb.de/ubinfo/profil.htm*
[Stand: 2003-02-05].

Anhang 1

Weitere gebräuchliche Vorannahmen des NLP

Grochowiak[95] nennt folgende zusätzlichen Vorannahmen:

- „Kommunikation ist redundant. Man kommuniziert immer in den drei Haupt-Repräsentationssystemen gleichzeitig.
  (Der Anteil der nonverbalen Kommunikation beträgt ca. 70%.)"[95]
- „Es gibt keinen Ersatz für saubere, offene sensorische Kanäle."[95]
- „Individuen haben zwei Ebenen der Kommunikation: die bewusste und die unbewusste."[95]
- „Eine Wahl zu haben ist besser, als keine Wahl zu haben; oder: Je größer die Auswahl, desto besser."[95]
- „Alle Unterschiede, die Menschen hinsichtlich ihrer internen und externen Umgebung sowie ihres Verhaltens machen können, können sinnvoll im visuellen, auditiven, kinästhetischen, gustatorischen und olfaktorischen System repräsentiert werden."[95]
- „Die Person mit der größten Verhaltensvariabilität kontrolliert die Situation."[95]
- „Rapport bedeutet, dem anderen im Modell seiner Welt zu begegnen."[95]
- „Wenn jemand etwas tun kann, ist es möglich, dieses Verhalten zu modellieren und es jemand anderen zu lehren."[95]
- „Chunking - alles kann von jedem erreicht werden, wenn die Aufgabe in Stücke geteilt wird, die klein genug sind. 'Wie isst man einen Elefanten? Ein Häppchen nach dem anderen.'"[95]

[95] Grochowiak, (Das NLP-Practitioner Handbuch, 1996), S. 3 f.

Trageser und Münchhausen ergänzen noch:[96]

- „Veränderungen müssen nicht über das Bewusstsein laufen."[96]
- „Das Unbewusste ist mächtiger und zuverlässiger als der bewusste Verstand."[96]
- „Veränderungen müssen ökologisch sein, sonst gibt es Problemverschiebungen, oder sie werden überhaupt nicht umgesetzt."[96]
- „Ökologische Veränderungen führen zu kongruenter, stimmiger Physiologie."[96]
- „Es gibt keine Probleme, sondern nur Entwicklungsmöglichkeiten."[96]
- „Das Vorgehen von NLP ist ziel- und lösungsorientiert statt ursachen- und problemorientiert."[96]
- „NLP-Interventionen sind Prozessinterventionen, nicht Inhaltsinterventionen."[96]
- „Psychische Zustände und Physiologie stehen in wechselseitiger Verbindung, d.h., das eine lässt sich über das andere verändern."[96]

---

[96] Trageser, Münchhausen, (Die NLP-Kartei, 2000), Karte I.8.

Anhang 2

Prozessorientierte Motivationstheorien

Neben den Inhaltstheorien sind der Vollständigkeit halber noch die prozessorientierten Motivationstheorien zu nennen. Allen Prozesstheorien ist zu Eigen, dass sie sich nicht mit der Frage beschäftigen, welche Faktoren motivierend und welche demotivierend sein mögen, sondern dass im Mittelpunkt der Überlegungen die Frage steht, warum welche Wege zur Zielerreichung beschritten werden. Gemeinsam ist ihnen auch, dass sie die Kosten / Nutzenoptimierung in den Vordergrund des menschlichen Strebens stellen.

Locke[97] sieht Motivation als Zielerreichungsbestreben. Wichtig ist, das eigene Überleben zu sichern. Ziele werden definiert durch ihren Inhalt und die zu ihrer Erreichung einzusetzenden Bemühungen. Die resultierende Handlung beeinflusst die Zielsetzung.

Vrooms[98] Erwartungs-Valenz-Modell definiert Leistungs- / Handlungsmotivation (F) als Produkt von Valenz (V) und Erreichbarkeit (E).

F=VxE

Valenz meint die Attraktivität des Ergebnisses einer Anstrengung, Erreichbarkeit die subjektive Einschätzung der Wahrscheinlichkeit, dass das gewünschte Ergebnis erreicht wird. Der Mitarbeiter erwartet, dass mit dem Erreichen des Erstzieles (dem Firmenziel) die Erreichung eines höheren Sekundärzieles (Belohnung) verbunden ist.
Zur Motivation des Arbeitnehmers müssen also gleichzeitig Erreichbarkeit, Valenz und Instrumentalität erhöht werden.
Dies heißt erreichbare, klar formulierte Aufgaben werden bei strenger Koppelung von Leistung und Belohnung transparent gratifiziert. Die Valenzerhöhung setzt eine genaue Kenntnis der Mitarbeiterpräferenzen voraus.
Vrooms Motivationstheorie stellt die subjektive Nutzenoptimierung in den Vordergrund.

97 Vgl. Scholz, (Personalmanagement, 2000), S. 891.
98 Vgl. Scholz, (Personalmanagement, 2000), S. 895 ff.

In Adams[99] Gerechtigkeitstheorie steht der gerechte Austausch von Leistungen im Mittelpunkt der Überlegungen.

Für die Person (P) ist es von höchstem Interesse, ob sie für einen bestimmten Ressourceneinsatz / Input (I) die gleiche Nettoentlohnung / Output (O) erhält wie eine Vergleichsperson (V).

Gleichgewicht besteht wenn gilt:

$O_P / I_P = O_V / I_V$

Eine Überbezahlung tritt ein, wenn gilt:

$O_P / I_P > O_V / I_V$

Eine Unterzahlung besteht in folgendem Fall:

$O_P / I_P < O_V / I_V$

In beiden Fällen von Ungleichbehandlung muss reagiert werden. Dies kann entweder durch Anpassung des Inputs, Outputs oder Wechsel der Vergleichsperson geschehen.

Eine endgültige Möglichkeit wäre, dass Feld zu verlassen, zu kündigen.

Auch hier beherrscht ein rein materialistischer Blickwinkel die Szene.

[99] Vgl Scholz, (Personalmanagement, 2000), S. 891 ff.

Printed by Books on Demand GmbH, Norderstedt / Germany